Da interpretação da natureza

FUNDAÇÃO EDITORA DA UNESP

Presidente do Conselho Curador
Mário Sérgio Vasconcelos

Diretor-Presidente / Publisher
Jézio Hernani Bomfim Gutierre

Superintendente Administrativo e Financeiro
William de Souza Agostinho

Conselho Editorial Acadêmico
Luís Antônio Francisco de Souza
Marcelo dos Santos Pereira
Patricia Porchat Pereira da Silva Knudsen
Paulo Celso Moura
Ricardo D'Elia Matheus
Sandra Aparecida Ferreira
Tatiana Noronha de Souza
Trajano Sardenberg
Valéria dos Santos Guimarães

Editores-Adjuntos
Anderson Nobara
Leandro Rodrigues

DENIS DIDEROT

Da interpretação da natureza

Organização
Pedro Paulo Pimenta

Tradução
Pedro Paulo Pimenta, Maria das Graças de Souza,
Maurício de Carvalho Ramos e Clara Castro

Apresentação
Clara Castro e Pedro Paulo Pimenta

© 2024 Editora Unesp

Direitos de publicação reservados à:

Fundação Editora da Unesp (FEU)
Praça da Sé, 108
01001-900 – São Paulo – SP
Tel.: (0xx11) 3242-7171
www.editoraunesp.com.br
www.livrariaunesp.com.br
atendimento.editora@unesp.br

Dados Internacionais de Catalogação na Publicação (CIP) de acordo com ISBD
Elaborado por Vagner Rodolfo da Silva – CRB-8/9410

D555i
    Diderot, Denis
        Da interpretação da natureza / Denis Diderot; organizado por Pedro Paulo Pimenta; traduzido por Pedro Paulo Pimenta. – São Paulo: Editora Unesp, 2024.

        Tradução de: *Pensées sur l'interprétation de la nature*
        ISBN: 978-65-5711-206-9

        1. Filosofia. 2. Iluminismo. 3. Materialismo. 4. Ciência. 5. Fisiologia. I. Pimenta, Pedro Paulo. II. Título.

2024-831   CDD 100
                                                                                    CDU 1

Editora afiliada:

Asociación de Editoriales Universitarias
de América Latina y el Caribe

Associação Brasileira de
Editoras Universitárias

Sumário

Apresentação: "É uma dama que adora se travestir" – Diderot e a figuração da natureza . 7
Clara Castro e Pedro Paulo Pimenta

Pensamentos sobre a interpretação da natureza

Advertência aos jovens que se dispõem ao estudo da filosofia natural . 25

Pensamentos sobre a interpretação da natureza . 27

Anexos

Marquesa de Châtelet – Instituições de física (1741) – Capítulo 4: Das hipóteses . 101

Étienne Bonnot de Condillac – Tratado dos sistemas (1752) – Capítulo 5: Das hipóteses . 113

Pierre Louis Moreau de Maupertuis – Sistema da natureza (1754) – Resposta ao sr. Diderot . 133

Jean le Rond d'Alembert — Elementos de filosofia (1758) — Capítulo 5: Lógica . *153*

Denis Diderot — Carta a Sophie Volland (1759) . *173*

Apresentação
"É uma dama que adora se travestir" – Diderot e a figuração da natureza

O pequeno escrito de Diderot que o leitor tem em mãos é um programa no qual se encontram delineadas, em linhas gerais, as condições para a realização de uma tarefa peculiar: interpretar a natureza. Conhecê-la, por certo, mas de uma maneira talvez inusitada, adivinhando o seu jeito de ser em meio às limitações dos nossos sentidos e do nosso entendimento. Essas personificações – "a natureza", "o nosso entendimento" – são todas propositais, e Diderot as propõe em contraposição à tendência metafísica de tomar esses nomes por designações de entidades reais. De saída, portanto, o seu pequeno opúsculo, publicado parcialmente em 1753 e integralmente no ano seguinte, oferece uma espécie de antídoto aos preconceitos embutidos no uso mais corriqueiro da linguagem. E o primeiro deles é tomar "a natureza" por um bibelô, como se ela repousasse sob o olhar do naturalista, deixando-se catalogar. Pouco adianta ao intérprete exibir uma erudição em nomes e classificações, pois toda nomenclatura tem um caráter arbitrário – nada diz sobre a natureza das próprias coisas. O desafio, além de peculiar, é gigantesco, já que o objeto do exame se mostra um fluxo em perpétua mutação, logo, impossível de apreender em sua totalidade.

Tudo começa pela admissão da obscuridade em que o intérprete se encontra diante da enormidade e da transitoriedade de seu objeto de investigação. Daí esse espírito da adivinhação, que não parte, porém, do nada. Afinal, na escuridão, ainda é possível tatear, escutar, farejar, inferir. E, acostumando os olhos à pouca luz, tendo treinado os demais sentidos, apreende-se coisas outrora ocultas sob o brilho do sol. Não surpreende que Diderot inicie seus *Pensamentos* com um verso de Lucrécio: "Vemos, das trevas, as coisas que estão sob a luz".[1] O poeta aborda os fenômenos da visão, explicando como luzes fortes podem nos cegar temporariamente, assim como certas doenças oculares podem alterar nossa percepção do mundo (cf. livro 4, vs.324-36). Se de um lado a sensação consiste no critério de verdade (cf. livro 4, vs.478-9), de outro, seu uso deve ser criterioso: nem ingênuo nem desarrazoado.

Noutras palavras, o empirista não deve abordar a experiência como um patriarca crê seduzir uma mulher. Se o uso dos sentidos for superficial e a razão, inoperante, o destino do intérprete poderá ser comparado ao de Acteão na fábula de Ovídio. Lembremos aqui o caçador que ousou, meio por acaso, deitar os olhos sob Diana se banhando nua, em uma fonte recôndita ladeada por suas auxiliares. Transformado em veado, foi devorado pelos cães que há pouco o auxiliavam na caça desses mesmos animais:

---

1 Lucrécio, *Sobre a natureza das coisas*, livro 4, vs. 337. Trad. Rodrigo Tadeu Gonçalves. Belo Horizonte: Autêntica, 2021, p.245.

Apresentação

Bem queria ele não estar aí, mas está. E ele bem gostaria
de ver, mas não sentir, a ferocidade de seus próprios cães.
De todo lado o cercam e mergulham os focinhos na carne,
dilacerando o dono sob a enganadora aparência de veado.
E a ira de Diana, a portadora da aljava, não se saciou, dizem,
Antes de se pôr termo à vida dele com incontáveis feridas.[2]

O elemento crucial dessa história terrível e encantadora é a perda da fala: quando se torna quadrúpede, o herói percebe que não consegue mais dar voz de comando à matilha, que, diante de mais um animal mudo, procede como seu chefe os teria instruído. Castigo exagerado? Tira-se dele, ao menos, três boas lições. Primeiramente, a fábula mostra que a fala não dá conta de tudo. Um naturalista pode escrever seis volumes sobre os insetos sem nada contribuir para a interpretação desses seres (cf. aforismo 16). Da mesma maneira, um metafísico pode desenvolver conceitos e princípios que, sem qualquer fundamento, desabam ao menor vento como árvores sem raízes (cf. aforismo 8). A imagem do animal mudo retoma aquela do filósofo na escuridão: é preciso aprender a tatear, a farejar e a inferir a partir de cada nova experiência (cf. aforismo 23). O intérprete que crê tudo ver, certo de que seus olhos e sua mente acessam integralmente os fenômenos, torna--se, abruptamente, alimento de cães. "Os olhos fogem das coisas brilhantes./ Cega também o sol, se tentares talvez encará-lo/ já que é enorme seu próprio poder", alertava Lucrécio (livro 4, vs.324-6). Ao poeta, podemos unir outro espírito-guia de

---

2 Ovídio, *Metamorfoses*, vs.249-52. Trad. Paulo Farmhouse. Lisboa: Cotovia, 2007, p.91.

Diderot. Nos aforismos 50 e 60 do primeiro livro do *Novum Organum* (1620), Bacon critica tanto a observação preguiçosa quanto a linguagem abstrata e inadequada ao tratar dos ídolos da tribo e do fórum.[3] Uma vez compreendida a enormidade do poder do Sol, a punição ensina, em segundo lugar, a não figurar "a natureza" na ideia de uma mulher nua e indefesa. Se Diderot começa sua *Interpretação* com Lucrécio, este inicia a sua própria com um hino a Vênus: aquela que rege sozinha "a natureza" e cuja potência se irradia por mares, montanhas, rios e por toda sorte de ser vivo (cf. livro I, vs.13-21). Não é a deusa que se oferece aos seres; são os seres que, cativos da graça da deusa, seguem-na e suplicam por seus favores (cf. livro I, vs.15-24). É inútil tentar espiar às escondidas: a graça venusiana assume inúmeras formas que mudam a cada instante. Nem nua nem indefesa, "a natureza" é uma "dama que adora se travestir" (aforismo 12) e que não é igualmente misteriosa em todas as suas partes (cf. aforismo 13). Essa mulher diversamente travestida parece remeter a uma força ativa:[4] ela se agita por todos os seres, produzindo efeitos aos quais, em alguma pequena medida, o ob-

---

3 Ver Luciana Zaterka, *A filosofia experimental na Inglaterra do século XVII: Francis Bacon e Robert Boyle.* São Paulo: Associação Editorial Humanitas, 2004, p.106-108. Ver também Francis Bacon, *Novum organum ou Verdadeiras indicações acerca de interpretação da natureza; Nova Atlântida.* Trad. José Aluysio Reis de Andrade. São Paulo: Abril Cultural, 1973, p.31-32 e p.35 (Os Pensadores).

4 Sobre a representação em Vênus da força ativa e criativa da natureza, ver Maria da Glória Novak, "O lucreciano *De rerum natura* e o Hino a Vênus", *Classica – Revista Brasileira de Estudos Clássicos*, v.2, n.1, 1989, p.119.

servador atento tem acesso. Logo, por meio de uma observação assídua, de uma reflexão profunda e de uma experiência exata (cf. aforismo 15), pode-se pretender a algum desvelamento da "natureza". O intérprete jamais conhecerá toda a sua pessoa. Comparando, porém, seus diferentes disfarces, perceberá que "o que é visto com distinção em um ser não demora a se manifestar em outro, similar a ele" (aforismo 13). Essa comparação entre as produções da natureza nos leva à terceira lição da fábula. Se não podemos ver o corpo nu da deusa, podemos, ao menos, pensá-lo. É um corpo que diríamos, no sentido dos romanos, perfeito, isto é, lindamente adaptado a certas funções – no caso, de uma caçadora que protege as regiões indefinidas de transição entre o mundo da cidade e o da selva – como uma regra.[5] Ainda que não tão perfeitamente, todos os seres vivos seguem essa mesma regra, ou seja, possuem corpos adaptados a certas funções. Nesse sentido, o Acteão veado não se diferencia tanto do Acteão humano. Diana talvez não tenha feito mais do que acelerar a variação de um mesmo mecanismo: "Imagine os dedos da mão reunidos e a matéria das unhas em quantidade tão abundante que, espalhando-se e dilatando-se, envolve e recobre o todo: tereis, no lugar da mão de um homem, a pata de um cavalo" (aforismo 12). Apesar das inúmeras metamorfoses da "natureza", há certas semelhanças que levam o intérprete a imaginar um animal protótipo. Os diversos quadrúpedes, por exemplo, parecem manter uma relação funcional nas suas partes internas, diferenciando-se apenas pelas partes

---

5 Ver Jean-Pierre Vernant, "Ártemis ou as fronteiras do outro", in: *A morte nos olhos: a figura do outro na Grécia Antiga*. São Paulo: Editora Unesp, 2021, cap.1.

externas, que respondem mais diretamente aos estímulos do meio. Faltou, ao Acteão veado, o tempo para adaptar-se à sua nova espécie. A lacuna entre o bípede e o quadrúpede pode nos parecer imensa, mas se os fenômenos estão interligados, trata--se de um instante para o poder da deusa e para o raciocínio do intérprete.

A mulher que se traveste deve ainda ser remetida à dama dos salões parisienses ou da corte de Versalhes. Ao contrário de Diana, não se esconde nos bosques; mostra nos salões uma inteligência fina e precisa. Mas, ao mesmo tempo, não se revela, ou não mostra o que todas ou todos mais gostariam de ver — o princípio insondável, porque vital, de toda reflexão. E talvez castigue o "entendimento humano" desses *voyeurs* tão duramente quanto Diana com Acteão, colocando as filósofas e os naturalistas em seu devido lugar. Contudo, como estamos numa sociedade de corte, e não no mundo campestre das *Metamorfoses*, em que os decretos são implacáveis e irrevogáveis, essa disciplina tem uma compensação, e ela não é pequena. Obedecendo à "natureza", aceitando que ela tem algo de heterogêneo em relação a si, o "entendimento humano" poderá aprender a conhecê-la, valendo-se, para tanto, de uma dádiva que dela recebeu, o instinto ou a imaginação, órgão fundamental de todo naturalista que se queira também filósofo.

Obedecer não significa seguir cegamente, mas sim respeitar e colaborar. Lucrécio invoca Vênus para que esta seja sua "parceira" e que, por meio dessa aliança, ele consiga desvelar o princípio oculto das coisas. É no início da primavera que essa potência criadora se mostra pela agitação dos seres. São as aves que, abaladas pela força venusiana, proclamam, primeiramente, sua chegada. Todos os bichos, selvagens e domésticos, apare-

Apresentação

cem, na sequência, saltitantes do desejo incutido por Vênus. Eles movimentam mares, rios, montes e campos, propagando as espécies. Nada se produz, então, sem os pactos ordenadores de Vênus: as espécies não nasceriam de sementes e em condições determinadas; o poeta não comporia versos e, sobretudo, não criaria um sistema de associações capaz de promover um raciocínio por analogia. Sem a comparação das diversas formas do visível e da descrição metafórica do invisível, não há como adivinhar o que está oculto a partir daquilo que se apresenta.[6] Não há, pois, interpretação possível sem a parceria entre o intérprete e a dama travestida:

> Pois assim que, vernal, revela-se a face do dia
> e libertada floresce a fértil brisa favônia,
> aves aéreas primeiro a ti, ó divina, e à tua
> vinda indicam, no cor abaladas pela tua força.
> Donde a fera alimária pasta em paragens amenas,
> nada em rápidos rios: assim, tomada do charme,
> toda cúpida, segue teus passos onde conduzas.
> Logo, pelos mares e montes e rios rapaces
> e por folhosos palácios das aves e campos virentes
> incutindo nos peitos de todos brandos amores,
> cúpidos, fazes que em espécies as raças propaguem.
> Tu, que sozinha governas a natureza das coisas,

---

6 Sobre o raciocínio por analogia em Lucrécio, ver Petrus Hermanus Schrijvers, *Lucrèce et les sciences de la vie*. Leiden/Boston/Colônia: Brill, 1999, p.183-6. Sobre os pactos e segredos da natureza, ver a apresentação de José Kany-Turpin, in: Lucrécio, *De la nature / De rerum natura*. Trad. José Kany-Turpin. ed. bilíngue, 4.ed. Paris: Flammarion, 2021, p.20-33.

Da interpretação da natureza

> nem sem ti às orlas divinas da luz qualquer coisa
> alça-se, nem qualquer coisa se faz amável e amena,
> peço que sejas minha parceira na escrita dos versos
> sobre a natura das coisas, que aqui eu revelo (livro I, vs.10-25)

Interpretar a natureza: a cláusula vem de Bacon, já explícita no subtítulo do *Novum organum* ou *Verdadeiras indicações acerca de interpretação da natureza*. Diderot segue essas indicações para tratar dos fenômenos, do que aparece – não o que se vê, e sim, de maneira mais geral, o que se sente, inclusive com os olhos – a título de signo, um código a ser decifrado, e que, uma vez traduzido na língua das sensações, adquire o estatuto de uma linguagem. Ou, mais precisamente, de uma língua. Essa língua não remete a nada além do que ela mesma enuncia, os fenômenos não são os sinais de uma ordem maior que os transcenda, ao contrário, aprendendo a lê-los o naturalista e a filósofa (de preferência, conjugados numa mesma pessoa) compreenderão que a condição para haver ordem é que não haja sentido. Segundo Franklin de Mattos:

> Por aí se pode ver que a ciência na qual pensa Diderot não é a ciência dedutiva, mas aquela cujo modelo é a física de Newton, avessa ao sistema fechado, aberta à experiência e nela fundada. Porque não há Deus que garanta esse saber; porque a natureza não é transparente, e, como a mulher que gosta de travestir-se, jamais exibe por inteiro os seus segredos; porque aposta na aventura renovada da experiência, esta ciência é necessariamente vagarosa e sujeita a interrupções, descontínua e fragmentária. E como poderia ser de outro modo, visto que o embate que a torna possível dispõe frente a frente dois oponentes desiguais –

Apresentação

a natureza, inesgotável e infinita, e o nosso entendimento, tão frágil e finito?[7]

O vagar da ciência diderotiana, mescla de física experimental, fisiologia e química, é compensado por certa qualidade do espírito de quem a exerce, uma prontidão para as menores variações, um faro que identifica ao longe o que outros sequer suspeitam. Diderot compara o naturalista ao jogador, que tem de discernir, "no calor da hora" (*sur le champ*), a direção de eventos aparentemente aleatórios e que, neutralizando por um instante a força das paixões, calcula com precisão, ainda que de maneira aproximada, o que está por vir a partir do que foi. Chama-se isso de "razão probabilística", e a probabilidade é, com efeito, a gramática desse árduo exercício de interpretação.[8] Renunciar a princípios gerais, a partir dos quais as verdades poderiam ser deduzidas, introduz uma incerteza, compensada pelo desprendimento com que as hipóteses mais ousadas são propostas e o rigor com que são verificadas. Caso se mostrem verossímeis, compatíveis com verdades estabelecidas com base na experiência e consagradas no corpo da ciência, servirão como alicerce para outras. Todo saber da experiência é uma construção, e tem, portanto, uma dimensão técnica, que Diderot ressalta e que escandaliza os adeptos de uma concepção de ciência como saber puramente intelectual e abstrato, coisa rarefeita,

---

7 Franklin de Mattos, "Filosofia em forma de dicionário", in: *O filósofo e o comediante: ensaios sobre literatura e filosofia na ilustração*. Belo Horizonte: Editora UFMG, 2001, p.129.

8 Sobre o conceito filosófico de probabilidade, tal como adotado por Diderot, ver Ian Hacking, *L'Ermergence de la probabilité*. Paris: Seuil, 2002, em especial cap.14 e 15.

para poucos. O douto de Diderot não existe sozinho, depende de outras pessoas para elaborar um conhecimento que exige a verificação constante e a disposição para rever e refazer o que se pensava ter adquirido em definitivo.

"Porque se perderam ao se elevar, elevar-se é necessariamente se perder?", pergunta Venel no verbete "Química" da *Enciclopédia*.[9] Alguns químicos, médicos e naturalistas, em especial aqueles que colaboram direta ou indiretamente com a *Enciclopédia*, distanciam-se não somente das ciências abstratas, mas também de uma experimentação que se reduza a uma coleção de fatos sem nexo. Cientistas empíricos não são simples "fazedores de experiências", sublinha Venel. A química, a fisiologia e a história natural devem ser razoadas, ou seja, filosóficas. Por isso, todas elas, embora partam do exame de corpos e de operações materiais visualizáveis, devem inferir e ligar o que os olhos não veem. Examinam a organização e a desorganização da matéria, mas cada uma numa perspectiva particular. A química de um homem de ciência como Venel se interessa pelas combinações e separações dos princípios elementares, que ele supõe heterogêneos. Suas interações se devem a uma força inerente aos próprios elementos. Estes podem, quando num mesmo contexto de proximidade, combinar-se por si mesmos ou promover dissociações.[10] Naturalistas como Buffon e Maupertuis investigam o mesmo fenômeno, mas se preocupam em elucidar

---

9 Gabriel François Venel, "Química", in: Diderot e d'Alembert, *Enciclopédia, ou dicionário razoado das ciências, das artes e dos ofícios*. Org. P. P. Pimenta e M. G. de Souza. São Paulo: Editora Unesp, 2015, v.3, p.315.

10 Ver Bernadette Bensaude-Vincent, "Le mixte, ou l'affirmation d'une identité de la chimie", *Corpus*, n.56, p.117-42, 2009.

Apresentação

a geração da vida, da sensação e do pensamento. Maupertuis, a quem Diderot se refere, nos *Pensamentos*, pelo pseudônimo de "dr. Baumann de Erlang", não considera a química suficiente para explicar a organização das partes elementares de matéria. Estas seriam, para ele, providas de algum princípio de inteligência como o desejo, a aversão e a memória. Para Buffon, porém, a matéria morta é desprovida de qualquer princípio de organização, presente apenas na molécula orgânica. E médicos como Ménuret, Fouquet e Bordeu tentam esclarecer qual é a relação funcional entre as partes do corpo vivo, quais são seus principais centros de interação, vendo na sensibilidade o fenômeno principal da vida.[11] Nenhuma dessas hipóteses se coloca autonomamente como uma verdade inequívoca. Elas se modificam em contato uma com a outra. Diderot, ao interpretá-las, torna ainda mais rarefeita a atmosfera, lançando, aparentemente a esmo, reflexões soltas, críticas irônicas, hipóteses ousadas, conjecturas, questões...

Os voos especulativos têm como contraparte necessária um retorno ao solo, ao "campo" em que se desenrolam as pesquisas da filósofa e onde as suas conjecturas são postas à prova. Malgrado o teor metafísico de algumas passagens, a especulação diderotiana tem, nos *Pensamentos*, um horizonte mais amplo. À diferença do geômetra, cujo saber abstrato é de gabinete, e que consulta a experiência para confirmar algo que, de certo modo, ele já sabe, o naturalista quer pôr em prática os conhecimentos adquiridos. Que esses termos prosaicos não nos en-

---

11 Ver Roselyne Rey, *Naissance et développement du vitalisme en France de la deuxième moitié du 18e siècle à la fin du Premier Empire*. Oxford: Voltaire Foundation/Liverpool University Press, 2000.

ganem. Pois se trata, afinal, de nada menos que aprimorar a natureza, quer dizer, extrair dela, por outros meios, prodígios que ela, por si mesma, é incapaz de realizar. A filosofia natural ganha, com isso, uma dimensão técnica, discutida por Diderot nos *Pensamentos* – que ecoam o verbete "Arte", da *Enciclopédia* –, que está associada ao caráter laborioso do conhecimento a partir da sensação. Não é exagero dizer que os *Pensamentos* delineiam uma poética da natureza, referindo a atividade científica ao modelo clássico, tal como exposto nestes versos de Horácio em que figura a abelha, uma das metáforas mais importantes de Diderot:

> Quanto a mim, António, à maneira
> e à medida de uma abelha de Matino,
> colhendo com o maior trabalho o deleitoso
> tomilho, à volta da floresta e das margens
> do húmido Tíbur, pequeno moldo
> minhas laboriosas odes.[12]

Pode um livro poético não ter forma? A escolha dos aforismos, mas de extensão muito desigual, a descontinuidade temática entre eles, as referências a outros autores, ora explícitas, ora veladas, as notas, os parênteses e os apêndices, todo esse aparato parece sugerir que Diderot tinha em mente uma unidade tão fluida quanto a que ele enxerga na própria "natureza" que o fascina. Um livro mimético? Não cheguemos a tanto, talvez mitopoético, espelhado à sua maneira nas metamorfoses

---

12 Horácio, *Odes*, IV.2, vs.27-32. Trad. Pedro Braga Falcão. Lisboa: Cotovia, 2008, p.263.

Apresentação

de Ovídio, inspirado na cosmologia de Lucrécio, escrito com a urbanidade recomendada por Horácio, enfim, peça de literato que nunca ocupou cadeira em nenhuma academia, muito menos nas universidades, viciadas pelo ranço escolástico, mas que deslocou o centro de gravidade da prosa filosófica, a ponto de não sabermos em que gênero classificar este escrito desconcertante, digressivo.

***

O livrinho de Diderot tampouco se encerra em si. Ao mesmo tempo que desenvolve as *Cartas* sobre os cegos e sobre os surdos-mudos,[13] publicadas poucos anos antes, aponta para os escritos especulativos das décadas de 1770 e 1780, com destaque para o *Sonho de d'Alembert* e os *Elementos de fisiologia*.[14] Na mesma época em que propôs uma interpretação da natureza, Diderot dedicava-se com afinco à *Enciclopédia*, e algumas de suas melhores contribuições para o dicionário razoado – como os verbetes "Animal" ou "Arte", por exemplo – têm estreitas relações com os *Pensamentos*.[15] Não esqueçamos, porém, que nessa mesma época d'Alembert, coeditor da *Enciclopédia*, vinha meditando sobre as mesmas questões que interessam a Diderot. Filósofos de índole distinta, seus caminhos se cruzam antes de se separarem – o que só acontecerá depois de 1758, quando d'Alembert

---

13 Denis Diderot, *Carta sobre os cegos e carta sobre os surdos-mudos*. Org. P. P. Pimenta. São Paulo: Editora Unesp, 2023.
14 Denis Diderot, *O sonho de d'Alembert e outros escritos*. Org. P. P. Pimenta. São Paulo: Editora Unesp, 2023.
15 Denis Diderot e Jean le Rond d'Alembert, *Enciclopédia*. 7v. Org. P. P. Pimenta e M. G. de Souza. São Paulo: Editora Unesp, 2015-2023.

abandona a empreitada enciclopédica. É interessante, e mesmo essencial, ler Diderot ao lado de d'Alembert. Entre a história natural e a geometria, que eles defendem, respectivamente, com afinco, encontra-se todo um domínio da física experimental que ambos entendem indispensável à elaboração de um conhecimento conjectural dos fenômenos, ou do que a natureza se digna a mostrar ao entendimento humano.

A ideia de hipótese fornece talvez a expressão mais sucinta do que une e separa esses autores geniais, a um só tempo tão próximos e tão distantes um do outro. Os textos reunidos na segunda parte deste volume dão conta dessa questão. O primeiro deles, escrito em 1741, é da marquesa de Châtelet, geômetra e filósofa primorosa, que, com suas *Instituições de física*, se empenha em preservar o legado da metafísica de Leibniz diante da irresistível investida newtoniana então em curso na França.[16] O Capítulo 4 dessa obra, dedicado às hipóteses, defende o uso desses princípios primeiros, não demonstrados, como um instrumento de invenção que, se bem empregado, conduz do conhecido ao desconhecido e amplia os horizontes da investigação dos fenômenos. Dez anos depois, Condillac, no *Tratado das sensações*, apoia-se no manifesto teórico da marquesa e extrai as suas consequências para a filosofia. Ironicamente, elas são nocivas ao partido leibniziano, na medida em que recomendam parcimônia máxima no uso das hipóteses em metafísica – a ponto de reduzi-la a uma ciência experimental.

---

16 O melhor exemplo é o panfleto de Voltaire – aliado intelectual de Châtelet –, *Elementos da filosofia de Newton*. Trad. Maria das Graças de Souza. 2.ed. Campinas: Editora Unicamp, 2015.

Apresentação

Com a marquesa de Châtelet e Condillac estão dadas as referências teóricas para a discussão dessas questões na *Enciclopédia* – que chega mesmo a reunir extratos desses livros em um mesmo verbete, dedicado, justamente, às hipóteses. À primeira vista, Diderot e d'Alembert aceitam as considerações da marquesa e, em decorrência, as de Condillac. Mas a leitura do Capítulo 5 dos *Elementos de filosofia*, de d'Alembert, surgidos em 1759, mostra que não é bem assim. Nesse escrito, o geômetra propõe um uso muito mais limitado das hipóteses, e desconfia de seu emprego na física e, principalmente, na medicina – que, aliada à fisiologia, constitui, para Diderot, o modelo da própria física experimental. Também em 1759, em carta a Sophie Volland, Diderot retoma o veio especulativo dos *Pensamentos*, no qual se insere a resposta de Maupertuis a esse livro, e vislumbra um programa de investigação que será levado a cabo nas décadas seguintes, nos grandes diálogos da maturidade, com destaque para o *Sonho de d'Alembert*.

Clara Castro, PUC-Rio
Pedro Paulo Pimenta, USP

Sobre esta tradução

Para a tradução do texto principal, utilizei a edição de 1754, tal como estabelecido por Jean Varloot no volume IX das *Oeuvres Complètes* (Paris: Hermann, 1975). Foram consultadas, ainda, para o texto e para as notas, as edições de Colas Duflo, *Pensées sur l'interprétation de la nature* (Paris: Flammarion, 2005), e de Michel Delon e Barbara de Negroni, *Oeuvres philosophiques* (Paris: Gallimard, 2010). Para os demais escritos, utilizaram-se as seguintes edições: marquesa de Châtelet, *Instituições de física*, texto de 1741, disponível on-line no acervo da Biblioteca Nacional da França; Condillac, *Tratado dos sistemas*, in: *Oeuvres philosophiques*. 3v. Ed. Georges Le Roy (Paris: PUF, 1947); d'Alembert, *Elementos de filosofia*, in: *Oeuvres complètes*, 3v. (Genebra: Slatkine Reprints, 1976 [1798]); Diderot, *Carta a Sophie Volland*, in: *Lettres à Sophie Volland: 1759-1774*. Ed. Marc Buffat e Odile Richard-Pauchet (Paris: Non Lieu, 2010, p.76-80).

Agradeço a Clara Castro, que leu as minhas traduções e as corrigiu, além de ter contribuído para a elaboração das notas e com a tradução da carta de Diderot; e a Maria das Graças de Souza e Mauricio de Carvalho Ramos, que gentilmente concederam o uso de suas traduções, respectivamente, da marquesa de Châtelet e de Maupertuis.

P. P. P.

Pensamentos sobre a interpretação da natureza (1754)

Advertência aos jovens que se dispõem ao estudo da filosofia natural

Meu caro jovem, tome este livro e leia-o. Se chegar até o fim, será capaz de compreender outra obra, melhor que esta. Como meu propósito não é tanto o de instruir quanto o de exercitar, pouco me importa se adotará ou rejeitará minhas ideias, contanto que elas mobilizem toda a sua atenção. Alguém mais hábil do que eu o ensinará a conhecer as forças da natureza. De minha parte, basta-me que o tenha levado a ensaiar as suas. Adeus.

P. S. – Uma última palavra e o deixo. Tenha sempre presente no espírito que a *natureza* não é *Deus*, que um *homem* não é uma *máquina*, que uma *hipótese* não é um *fato*. Toda vez que pense ter encontrado algo contrário a esses princípios, tenha a certeza de que não me compreendeu.

Pensamentos sobre a interpretação da natureza

Tenebris autem quae sunt in luce tuemur
Lucrécio, *Da natureza das coisas*, livro IV, vs.337[1]

I

Escreverei sobre a natureza. Deixarei que os pensamentos se sucedam sob minha pluma na mesma ordem em que os objetos se ofereceram à minha reflexão, pois assim poderão melhor representar a marcha de meu espírito. Serão visões gerais, sobre a arte experimental, ou particulares, sobre um fenômeno que parece ocupar todos os nossos filósofos e dividi-los em duas classes. Uns têm muitos instrumentos e poucas ideias, outros, muitas ideias e nenhum instrumento. O interesse da verdade exigiria que os que refletem se dignassem a se associar de uma

---

[1] "Vemos, das trevas, as coisas que estão sob a luz", Diderot cita de memória. O original traz: "Não nos é dado, ao contrário, da luz enxergar o que é escuro" (livro 4, vs.348, p.247). Lucrécio, *Sobre a natureza das coisas*, livro 2, vs.337. Trad. Rodrigo Tadeu Gonçalves. Belo Horizonte: Autêntica, 2021, p.245.

Da interpretação da natureza

vez por todas aos que remexem, permitindo, assim, que o especulativo não tenha de se mover, que o obreiro execute seus infinitos movimentos com alguma finalidade, que nossos esforços se reúnam e juntos enfrentem a resistência da natureza, e, nessa espécie de liga filosófica, cada um cumpra o seu devido papel.

2

Uma das verdades enunciadas em nossos dias com mais coragem e mais força,[2] e que o físico diligente faria bem em não esquecer, pois dela se extraem consequências muito vantajosas, é que a região dos matemáticos é um mundo intelectual, e o que nele é tomado como a mais rigorosa verdade perde essa vantagem quando chega à nossa terra. Concluiu-se que cabe à filosofia experimental retificar os cálculos da geometria, e mesmo os geômetras concordam que deve ser assim.[3] Mas de que vale corrigir o cálculo geométrico a partir da experiência? Não é mais simples se ater ao resultado desta? Como se vê, as matemáticas, principalmente as transcendentes, não conduzem a nenhuma precisão quando apartadas da experiência, e são uma espécie de metafísica geral que despoja os corpos de suas qualidades individuais. Isso justificaria uma obra intitulada *Aplicação da experiência à geometria* ou *Tratado da aberração das medidas*.[4]

---

2 Conde de Buffon, "Discurso introdutório" (1749) (N. A.). [In: *História natural*. Org. e trad. Isabel Coelho Fragelli et al. São Paulo: Editora Unesp, 2020.]

3 Referência ao cálculo diferencial e integral, de Leibniz e Newton, ao qual Diderot retorna mais à frente, no pensamento 39.

4 Compare-se a d'Alembert na *Enciclopédia*, "Aplicação de uma ciência a outra" (v.1, 1751), v.3 da edição brasileira. Org. M. G. de Souza e P. P. Pimenta. 6 vols. São Paulo: Editora Unesp, 2015 a 2017.

3

Eu não sei ao certo se existe uma relação entre a aptidão para o jogo e o gênio matemático, mas ela existe, e é estreita, entre o jogo e as matemáticas.[5] Pondo de lado o que a sorte

---

5 Essa questão será retomada e comentada na *Enciclopédia* por d'Alembert no verbete "Geômetra" (v.7, 1757) e por Diderot no verbete "Jogar" (v.8, 1765). D'Alembert, "Geômetra", *Enciclopédia*, 1765, v.7, p.627-9: "O espírito do jogo é um espírito de combinação rápida, que num único golpe de vista e de maneira vaga abarca muitos casos e deixa escapar alguns; é uma espécie de instinto, aperfeiçoado pelo hábito, mas que não se encontra tão submetido a regras. O geômetra, por outro lado, tem todo o tempo necessário para resolver os seus problemas, empenha-se, descansa, e volta à carga, com as forças renovadas. O jogador é obrigado a resolver seus problemas no calor da hora, e concentra toda a capacidade de seu espírito em um momento dado e restrito. Não surpreende, assim, que um grande geômetra seja um jogador muito medíocre, e, com efeito, nada é tão comum. Esses dois espíritos parecem-me bastante diferentes, se não opostos. O do geômetra é, sem dúvida, um espírito de cálculo e combinação, escrupulosa e lenta, que examina, uma após a outra, todas as partes do objeto e as compara sucessivamente entre si, com o cuidado de não omitir nenhuma, e aproximá-las sob todos os aspectos; dá um passo de cada vez, e assegura-se de estar em terreno firme, antes de dar o seguinte." Diderot, "Jogar", in: *Enciclopédia*, 1765, v.8, p.886-8: "O espírito do jogo não é tão desprezível quanto creem alguns. Consiste em realizar, no calor da hora, avaliações aproximadas de vantagens e desvantagens muito difíceis de discernir. Os jogadores executam, em um piscar de olhos, com as cartas à mão, o que o mais sutil matemático demora a descobrir em seu gabinete. Ouço dizer que, malgrado a eventual afinidade entre as funções do geômetra e as do jogador, é tão raro encontrar bons geômetras que sejam grandes jogadores quanto grandes jogadores que sejam bons geômetras.

traz de incerteza ao primeiro, que equivale ao que a abstração introduz de inexato nas últimas, uma parte do jogo pode ser considerada como uma sequência indeterminada de problemas a serem resolvidos a partir de condições dadas. Essa mesma definição convém a todas as questões matemáticas, e a *coisa* do matemático existe na natureza tanto quanto a do jogador. Em ambos os casos, é tudo uma questão de convenção. Os geômetras denunciaram os metafísicos, mas não lhes ocorreu que sua própria ciência não era mais que uma metafísica. Perguntou-se um dia a um geômetra, O que é um metafísico?, e ele respondeu, É um homem que não sabe nada. Os químicos, os físicos, os naturalistas e todos os que se dedicam à arte experimental também se excedem em seu julgamento e parecem-me estar a ponto de vingar a metafísica e aplicar ao geômetra essa mesma definição. Perguntam-se eles, Para que servem essas teorias profundas sobre os corpos celestes, esses enormes cálculos de astronomia racional, se não dispensam Bradley e Monnier[6] da observação do céu? Quanto a mim, direi apenas, feliz do geômetra cujo estudo consumado das ciências abstratas não abateu o gosto pelas belas-artes, que conhece Horácio e Tácito, e não só Newton, que é capaz de descobrir as propriedades de uma curva e sentir as belezas de um poeta, cujo espírito e cujas obras pertencem a todos os tempos, e que tem, ainda, o mé-

---

Se é assim, isso não se explica, no entanto, pelo fato de os geômetras estarem acostumados a soluções rigorosas e não aceitarem as aproximadas, enquanto os jogadores, ao contrário, acostumados com as aproximadas, não se submetem à precisão geométrica."

6 James Bradley (1692-1762), astrônomo inglês que mediu o diâmetro de Vênus; Pierre Charles Le Monnier (1715-1799), astrônomo francês.

rito de pertencer a todas as academias! Alguém assim jamais se verá lançado na obscuridade, e pode ter a certeza de que irá sobreviver à sua própria reputação.[7]

4

Estamos à beira de uma grande revolução nas ciências. Eu ousaria dizer que, a julgar pelo pendor que os espíritos parecem mostrar pela moral, pelas belas-letras, pela história da natureza e pela física experimental, é quase certo que em cem anos não haverá mais do que três grandes geômetras na Europa. Sua ciência se deterá exatamente no ponto em que a deixaram os dois Bernoulli, Euler, Maupertuis, Clairaut, Fontaine e d'Alembert. Eles ergueram as colunas de Hércules; não iremos além delas. Suas obras perdurarão pelos séculos vindouros como as pirâmides do Egito, que, com suas paredes cobertas de hieróglifos, despertam em nós uma ideia espantosa do poder e da riqueza dos homens que as ergueram.

5

Quando uma ciência começa a nascer, a altíssima consideração da sociedade pelos inventores, o desejo de conhecer por si mesmo algo que causa tamanho alvoroço, a esperança de se

---

[7] Referência velada a d'Alembert, que entre 1751 e 1758 formou com Diderot o comitê editorial da *Enciclopédia*. Com a saída de d'Alembert, tornam-se mais nítidas as diferenças entre os dois pensadores no que se refere à importância da geometria no estudo da natureza. Vide a nota seguinte.

Da interpretação da natureza

esclarecer a partir de alguma descoberta, a ambição de compartilhar a reputação dos homens ilustres, tudo isso, eu digo, faz com que os espíritos se voltem em direção a ela. De repente, ela passa a ser cultivada por uma infinidade de pessoas das mais diversas índoles. Podem ser mundanas, para as quais a ociosidade é um fardo, ou trânsfugas, que esperam adquirir, com a ciência que está na moda, uma reputação pela qual buscaram em vão nas que trocaram por ela; sem esquecer as que se sentem atraídas por uma questão de gosto. A reunião desses esforços rapidamente leva a ciência até o ponto máximo que ela pode atingir. Mas, à medida que seus limites se estendem, os da estima se contraem. A admiração é reservada aos que se destacam por sua grande superioridade. Então, a multidão diminui. Poucos querem embarcar para um país em que as fortunas se tornaram raras e de difícil aquisição. Tudo o que resta à ciência são os mercenários, a quem ela dá pão, e os homens de gênio, que ela continua a esclarecer, mesmo depois que o seu prestígio caiu e os olhos se abriram para a inutilidade de seus trabalhos, que, no entanto, serão vistos para sempre como verdadeiros *tours de force* que honram a humanidade. Este é o resumo histórico da geometria e de todas as ciências que deixam de instruir ou de agradar, incluindo a história da natureza.[8]

---

8 Em carta dirigida a Voltaire em 1758, Diderot lamenta profundamente a "deserção" de d'Alembert, que no início do ano decidira abandonar a *Enciclopédia*, e aduz, não sem malícia, a seguinte observação: "Eu não saberia dizer o que se passou pela sua cabeça, mas se o desejo de deixar a França pela Prússia não está por trás deste de deixar a *Enciclopédia*, ele agiu como um tolo. O reinado das matemáticas terminou; o gosto mudou, o da história natural e das letras é o que domina. A essa altura de sua vida, d'Alembert não poderia

6

Quando comparamos a infinita multidão de fenômenos da natureza com a limitação de nosso entendimento e a fraqueza de nossos órgãos, poderíamos esperar, da lentidão de nossos trabalhos, de suas frequentes e longas interrupções, e da raridade dos gênios criadores, algo além de algumas peças, fragmentos extraídos da grande cadeia que liga todas as coisas entre si?[9] A filosofia experimental poderia trabalhar por séculos e séculos, mesmo assim os materiais que ela reunisse escapariam, pela quantidade, a toda tentativa de combinação, e estariam muito longe de oferecer uma numeração exaustiva. Quantos volumes não seriam necessários para conter apenas os termos com os quais designaríamos as coleções distintas de fenômenos, supondo que eles fossem conhecidos? Quando estaria completa a língua filosófica? Quem, dentre os homens, poderia dominá-la? Se, para manifestar sua onipotência de maneira ainda mais evidente do que pelas maravilhas da natureza, o Eterno se dignasse a expor o mecanismo universal sobre folhas traçadas com sua própria mão, seria esse livro mais compreensível para nós

---

mais se dedicar ao estudo da história natural, e parece muito difícil que ele pudesse escrever uma obra sobre esse assunto que fosse digna de sua reputação" (Diderot a Voltaire, 19 de fevereiro de 1758, carta n.3.559 do inventário da correspondência de Voltaire). D'Alembert contava então 40 anos de idade.

9 O tópico da desproporção entre o entendimento humano e o mundo natural vem de Buffon, que o emprega no "Discurso introdutório" e o retoma em diversos momentos na *História natural*. Diderot menciona em seguida a "grande cadeia" dos fenômenos, propondo que se pense, a partir desse esquema, a continuidade entre eles.

do que o próprio universo? Quantas páginas compreenderia um filósofo que se dedicasse a ele com todas as suas forças, se ele mesmo não está certo de ter compreendido as consequências a partir das quais um antigo geômetra determinou a relação entre a esfera e o cilindro?[10] Essas folhas seriam uma medida bastante fiel do alcance de nosso espírito, e uma sátira ainda melhor de nossa vaidade. Poderíamos dizer: Fermat foi até tal página; Arquimedes fora um pouco mais longe que ele. Qual é, então, o nosso objetivo? A execução de uma obra que jamais poderia ser feita e que, se pudesse ser realizada, excederia em muito a inteligência humana? Seríamos mais sensatos que os primeiros habitantes da planície de Sinar?[11] Conhecemos a distância infinita que separa a terra dos céus; deixamos por isso de edificar a torre? Não haveria um momento em que nosso orgulho, desencorajado, abandonaria a obra? Que pretensão a nossa de erguer uma torre que corta os céus, quando mal conseguimos nos instalar aqui embaixo! Não bastaria, para nos deter, a confusão das línguas, tão conspícua e tão incômoda, de que padece a história natural? O útil se encarrega de dar limites. Caberá a ele, dentro de alguns séculos, limitar a física experimental, como está prestes a fazê-lo com a geometria. Consigno séculos a esse estudo, pois a esfera de sua utilidade é infinitamente mais extensa que a de qualquer ciência abstrata, e é, incontestavelmente, a base de nossos conhecimentos verdadeiros.

---

10 Alusão ao matemático francês Pierre de Fermat (1601-1665), que concebeu o cálculo infinitesimal e propôs os fundamentos do cálculo de probabilidades.

11 Gênese 11,1-9. Sinar é a terra dos babilônios que ergueram a torre de Babel.

7

As coisas que só existem em nosso entendimento são opiniões nossas, noções que podem ser verdadeiras ou falsas, confirmadas ou contestadas, e que só adquirem consistência quando ligadas a seres exteriores. Essa ligação é feita por uma cadeia ininterrupta de experiências ou por uma cadeia de observações sustentada, de um lado, e, de outro, por raciocínios, como pesos ao longo de um fio suspenso entre duas extremidades. Sem esses pesos, o fio se tornaria um joguete à menor agitação do ar.

8

As noções desprovidas de fundamento na natureza podem ser comparadas às florestas do Norte cujas árvores não têm raízes. Uma rajada de vento, uma pequena intempérie é suficiente para pôr abaixo uma floresta inteira de árvores e de ideias.

9

Os homens começaram a sentir a que ponto as leis de investigação da verdade são severas e quão limitado é o número de meios à nossa disposição. Tudo se reduz a ir dos sentidos à reflexão e da reflexão aos sentidos: entrar em si e sair de si, continuamente. É o trabalho da abelha.[12] Em vão ela percorre

---

[12] A figura do trabalho da abelha (o empirismo razoado), ou da sua "ciência", como prefere a música popular brasileira, é oriunda de Bacon, que o diferencia do da formiga (empirismo ingênuo) e do

o terreno, se não retorna à colmeia carregada de cera; e seus montinhos de cera são inúteis, se com eles não molda favos.

10

Infelizmente, é mais fácil e mais rápido consultar a si mesmo do que à natureza. A razão tende a permanecer em si, o instinto a se projetar para fora. O instinto vai olhando, provando, tocando e escutando. Em matéria de física experimental, pode ser mais instrutivo estudar os animais do que acompanhar os cursos de um professor. É que nas ações dos animais não há vestígio de charlatanismo. Eles tendem a um fim, sem se preocupar com o que os cerca, e, se nos surpreendem, não é com a intenção de fazê-lo. O espanto é o primeiro efeito de um fenômeno importante: cabe à filosofia dissipá-lo. Quem frequenta um curso de filosofia experimental deve sair instruído, não perplexo. Vangloriar-se dos fenômenos da natureza como se eles fossem de sua própria autoria é ser tão tolo quanto o editor dos *Ensaios*, que não podia escutar o nome de Montaigne sem ruborizar.[13] O reconhecimento da própria insuficiência é uma lição importante, e não faltam ocasiões para ministrá-la. Mais vale adquirir a confiança dos outros com um sincero "nada sei

---

da aranha (racionalismo dogmático). Diderot recorre à abelha para fins metafóricos em *Sonho de d'Alembert*, no qual também se encontra um importante uso figurado do trabalho da aranha. Ver Francis Bacon, *Novum organum ou Verdadeiras indicações acerca de interpretação da natureza*, livro I, aforismo 95. Trad. José Aluysio Reis de Andrade. São Paulo: Abril Cultural, 1973, p.69 (Os Pensadores).

13 Referência a Pierre Coste, que, segundo Montesquieu, acreditava que o mérito das obras de Montaigne se devia à sua edição.

a respeito" do que balbuciar essas palavras e, tentando tudo explicar, tornar-se digno da própria comiseração. Aquele que confessa livremente que não sabe o que ignora me predispõe a crer naquilo cuja razão ele se empenha em me mostrar.

11

O espanto muitas vezes ocorre quando se supõem numerosos prodígios onde há apenas um, e imaginam-se na natureza tantas ações particulares quantos são os fenômenos, quando ela, provavelmente, não produziu mais que um único ato. Parece que, se tivesse a necessidade de produzir muitos, os diferentes resultados desses atos seriam isolados, haveria coleções de fenômenos independentes uns dos outros, e a cadeia geral, que a filosofia pressupõe contínua, seria interrompida em diversos pontos. A independência absoluta de um único fato é incompatível com a ideia do todo, e, sem a ideia do todo, não pode haver filosofia.

12

A natureza parece se deleitar com a variação do mesmo mecanismo em uma infinidade de diferentes maneiras.[14] Ela só

---

14 Vide *História natural*, tomo 4, "História do cavalo e do asno", e uma pequena obra em latim intitulada *Dissertatio inauguralis metaphysica, de universali naturae systemate, pro gradu Doctoris habita*, impressa em Erlangen, em 1751, e introduzida na França pelo sr. Maupertuis em 1753 (N. A.). [Buffon, *História natural*, ed. brasileira, op. cit.; Pierre Louis de Maupertuis, *Sistema da natureza*, trad. Mauricio de Carvalho Ramos, *Scientiae Studiae*, v.7, n.3, 2009. Diderot se apropria livre-

abandona um gênero de produção após ter multiplicado os indivíduos sob todos os aspectos possíveis. Quando consideramos o reino animal e percebemos que entre os quadrúpedes não há sequer um que não tenha as funções e as partes, sobretudo as internas, inteiramente similares às de outro, como não reconhecer de bom grado um animal primeiro, protótipo de todos os animais, do qual a natureza não fez mais do que alongar, encurtar, transformar, multiplicar ou obliterar certos órgãos? Imagine os dedos da mão reunidos e a matéria das unhas em quantidade tão abundante que, espalhando-se e dilatando-se, envolve e recobre o todo: tereis, no lugar da mão de um homem, a pata de um cavalo.[15] Quando vemos como as sucessivas metamorfoses do invólucro do protótipo aproximam um reino de outro por meio de graus insensíveis e povoam os confins dos dois reinos (que, no entanto, não são separados por nenhuma fronteira) com seres incertos, ambíguos, desprovidos em grande parte das formas, qualidades e funções de um e dotados daquelas do outro, não somos levados a crer que há um ser primeiro, protótipo de todos os seres? Que essa conjectura seja admitida como verdadeira por Maupertuis[16] ou como falsa pelo sr. Buffon, é inegável que ela é necessária, uma hipótese indispensável ao progresso

---

mente da terminologia de Buffon, que fala em protótipos para as espécies e num arquétipo de todas as espécies.]
15 Vide *História natural*, tomo 4, a "Descrição do cavalo" pelo sr. Daubenton (N. A.). [Diderot altera a explicação de Daubenton. Na explicação desse grande anatomista, o pé do cavalo corresponderia a um único dedo que se desenvolveu em detrimento dos demais, e não aos dedos da mão unidos entre si].
16 O *Sistema da natureza*, de Maupertuis, foi publicado inicalmente em latim, sob o pseudônimo "dr. Baumann". Maupertuis só assina a obra a partir da edição francesa, de 1756, depois, portanto, da pu-

da física experimental e ao da filosofia racional, à descoberta e à explicação dos fenômenos que dependem da organização. Pois é evidente que a natureza não poderia conservar tantas semelhanças entre as partes e afetar tamanha variedade de formas sem, ao mesmo tempo, tornar perceptível em um ser organizado aquilo que dissimulou num outro. É uma dama que adora se travestir, e cujos diferentes disfarces revelam ora uma parte ora outra, dando a esperança, aos seus admiradores mais assíduos, de que um dia sua pessoa se revele por inteiro.

13

Foi descoberto que o fluido seminal é o mesmo em ambos os sexos.[17] As partes em que ele está contido deixaram de ser desconhecidas. Perceberam-se algumas alterações singulares que ocorrem na fêmea quando a natureza a pressiona fortemente pela busca de um macho.[18] Quando os sexos acasalam, a comparação entre os sintomas do prazer em cada um deles mostra que a volúpia se consuma em ambos por um ímpeto característico, marcado por batimentos, e não resta dúvida de que ambos emitem um fluido seminal. Mas onde e como se dá essa emissão, no caso da fêmea? O que acontece com fluido? Qual o seu

---

blicação dos *Pensamentos* de Diderot. No corpo do texto adotamos por conveniência a referência a Maupertuis.
17 Teoria exposta por Maupertuis no *Sistema da natureza*, cap.33 (ed. bras.: *Sistema da natureza*, trad. Mauricio de Carvalho Ramos, *Scientiae Studiae*, v.7, n.3), e por Buffon em "História dos animais", in: *História natural*, cap.4, op. cit.
18 Vide *História natural*, "Discurso sobre a geração" (N. A.). [Vide a nota anterior.]

trajeto? É algo que só poderemos saber quando a natureza, que não é igualmente misteriosa em toda parte, venha a se desvelar em outra espécie. Ao que tudo indica, isso poderá ocorrer de uma destas duas maneiras: ou as formas dos órgãos se tornarão mais evidentes ou a emissão do fluido se tornará perceptível na origem e ao longo do trajeto, devido à sua abundância extraordinária. O que é visto com distinção em um ser não demora a se manifestar em outro, similar a ele. Na física experimental, aprende-se a observar os pequenos fenômenos nos grandes, assim como na física racional aprende-se a conhecer os grandes corpos nos pequenos.

14

Represento o vasto sítio das ciências como um terreno amplo, pontuado por locais obscuros e outros iluminados. Nossos trabalhos devem ter como finalidade estender os limites dos lugares iluminados ou multiplicar os centros de luz no terreno. Esta última tarefa cabe ao gênio criador, a primeira, à sagacidade perfeccionista.

15

Dispomos de três meios principais, a observação da natureza, a reflexão e a experiência. A observação recolhe os fatos, a reflexão os combina, a experiência verifica o resultado da combinação. A observação da natureza deve ser assídua, a reflexão, profunda, a experiência, exata. Raramente esses meios se encontram reunidos. Os gênios criadores tampouco costumam ser comuns.

16

O filósofo, que muitas vezes só percebe a verdade como o político desastrado percebe a ocasião, ou seja, pelo lado escalvado, garante que é impossível capturá-la no instante em que o acaso dirige a mão do obreiro[19] para o lado frutuoso. Mas é preciso reconhecer que, entre os obreiros mais experientes, muitos são desafortunados: enquanto um passa a vida a observar insetos e não vê nada de novo, outro encontra, com um golpe de vista, o pólipo ou o pulgão hermafrodita.[20]

17

Teriam faltado ao universo homens de gênio? De modo algum. Teriam estes estudado e meditado menos que o neces-

---

19 No original, *manoeuvrier*. O obreiro encontra-se, na hierarquia das ocupações do Terceiro Estado, no último escalão, abaixo do trabalhador (*labourer*) e do artesão (*artisan*). Nenhuma dessas ocupações se compara em dignidade àquelas ditas "liberais". Ver Nathalie Heinich, *Du peintre à l'artiste: artisans et académiques à l'âge classique*. Paris: Minuit, 1993, p.8. A importância que Diderot dá ao obreiro na confecção da ciência natural é concomitante à elevação desta à categoria de ramo da própria filosofia. Trata-se de uma subversão hierárquica radical, que acompanha, de resto, a realizada na própria *Enciclopédia*, na qual as artes ditas "mecânicas" são mais proeminentes que as "liberais".

20 Três alusões: a primeira, maliciosa, a Réaumur, autor de uma *Histoire des insectes* (1735), cujo gênio estéril será mais uma vez agredido por Diderot nos pensamentos 51 e 54; a Abraham Trembley, que em 1740 descobre a existência da hidra aquática, e a Leeuwenhoeck, que por volta de 1700 descobre, pelo uso do microscópio, a capacidade de autorreprodução dos pulgões.

sário? Tampouco é o caso. Os homens ilustres são multidão na história das ciências, e os monumentos a seus trabalhos recobrem a superfície da terra. Por que então os conhecimentos certos são tão raros? Que fatalidade explica os escassos progressos das ciências? Estaríamos destinados a permanecer crianças para todo o sempre? Eu já indiquei a resposta para essas questões. As ciências abstratas ocuparam os melhores espíritos por tempo demais e com poucos frutos, e ou não se estudou o que importava saber ou não se estudou com discernimento, visões e métodos: as palavras multiplicaram-se ao infinito, e o conhecimento das coisas foi deixado para trás.

18

A verdadeira maneira de filosofar sempre foi e continuará sendo a aplicação do entendimento ao entendimento, do entendimento e da experiência aos sentidos, dos sentidos à natureza, da natureza à pesquisa por instrumentos, e dos instrumentos à pesquisa e à perfeição das artes, que ofereceremos ao povo para lhe ensinar o respeito pela filosofia.[21]

19

O único meio para tornar a filosofia realmente respeitável aos olhos do vulgo é exibi-la acompanhada da utilidade. O vulgo sempre pergunta, "Para que serve isso?", e não se deve jamais

---

21 A palavra "povo" não tem a mesma conotação que na teoria política. Designa aqui os espíritos vulgares que desdenham o verdadeiro conhecimento, e aplica-se a pessoas de todos os estratos sociais.

responder, "Para nada". Ele não sabe que o que esclarece o filósofo e o que serve ao vulgo são coisas muito diferentes: muitas vezes o entendimento do filósofo é esclarecido pelo que obstrui e obscurecido pelo que é útil.²²

20

Os fatos, não importa a sua natureza, são a verdadeira riqueza do filósofo. Mas um dos preconceitos da filosofia racional é ignorar que aquele que não sabe contar suas moedas é tão rico quanto outro que não tem nenhuma. A filosofia racional infelizmente se ocupa muito mais de aproximar e ligar os fatos que possui do que de recolher novos.

21

Recolher os fatos e ligá-los entre si são duas ocupações bastante penosas, entre as quais os filósofos se dividiram. Uns passam a vida reunindo materiais, são obreiros úteis e laboriosos; outros, arquitetos orgulhosos, prontificam-se a trabalhar a partir deles. O tempo se encarregou de pôr abaixo quase todos os edifícios da filosofia racional, e continua a fazê-lo. O obrei-

---

22 Bacon diferencia os experimentos "lucíferos" dos "frutíferos". A crítica recai sobre os últimos, que representam as experiências do vulgo, cujo interesse se limita a uma utilidade particular e de curto prazo. São os experimentos "lucíferos" que, embora aparentemente inúteis, contribuem para o progresso das ciências. Isso porque "não se dirigem à realização de qualquer obra, mas à revelação de alguma causa natural" (Bacon, *Novum organum*, op. cit., livro I, aforismo 99, p.72).

Da interpretação da natureza

ro recoberto de poeira cedo ou tarde emerge dos subterrâneos em que escavou às cegas com uma peça que se revela fatal para essa arquitetura alicerçada nas ideias; ela desmorona, e tudo o que restam são materiais mistos, até que um gênio destemido ensaie uma nova combinação. Feliz do filósofo sistemático que recebeu da natureza, como outrora Epicuro, Lucrécio, Aristóteles e Platão, uma imaginação forte, uma eloquência grandiosa e a arte de apresentar suas ideias em imagens impressionantes e sublimes! Pode ser que um dia o edifício que ele ergueu venha abaixo; mas a sua estátua permanecerá intocada em meio às ruínas; e, como os seus pés não são feitos de argila, a pedra que se descola da montanha não poderá abalá-la.[23]

22

O entendimento tem seus preconceitos; os sentidos, sua incerteza; a memória, seus limites; a imaginação, seus lapsos; os instrumentos, sua imperfeição. Os fenômenos são infinitos, as causas estão escondidas, as formas talvez sejam transitórias. Contra tantos obstáculos que encontramos em nós e que a natureza nos opõe de fora, tudo o que temos é uma experiência lenta e uma reflexão limitada. São as alavancas com que a filosofia se propõe a mover o mundo.[24]

---

23 Esse aforismo tem como referências o *Discurso do método* de Descartes (o campo semântico da metáfora arquitetônica) e a *Nova Atlântida* de Bacon (a referência ao trabalho dos obreiros).

24 Diderot ironiza o segundo parágrafo da *Segunda Meditação*. Comparando-se a Arquimedes, Descartes tem a esperança de mover o

23

Distinguimos duas espécies de filosofia, a experimental e a racional. Uma tem os olhos vedados, caminha tateando, agarra tudo o que lhe cai nas mãos e termina por encontrar coisas preciosas. A outra recolhe esses materiais preciosos e tenta acender com eles uma chama. Mas essa pretensa chama teve, até o momento, menos serventia para ela do que os tateares tiveram para a sua rival, e não poderia ser diferente. A experiência multiplica ao infinito os seus movimentos, está sempre em ação e requer, para a busca dos fenômenos, o tempo que a razão emprega em busca de analogias. A filosofia experimental não sabe ao certo o que pode vir ou não de seus trabalhos, mas trabalha sem descanso. A filosofia racional, ao contrário, pesa as possibilidades, pronuncia-se, e imediatamente se detém. Ela declara, peremptoriamente, "é impossível decompor a luz"; a filosofia experimental lhe dá ouvidos e se dobra diante dela por séculos; de repente, ela mostra o prisma e diz, "eis a luz decomposta".[25]

---

globo caso encontre um ponto de apoio seguro para alavancar a sua filosofia: "uma coisa que seja certa e indubitável" (René Descartes, *Discurso do método*. Trad. J. Guinsburg e Bento Prado Júnior. São Paulo: Abril Cultural, 1973, p. 99 [Os Pensadores]). Contra Descartes, Diderot retoma Bacon, que aponta, no prefácio do *Novum organum*, que "nenhum saber é absolutamente seguro" (Bacon, *Novum organum* , op. cit., p. 11).

25 Newton, *Ótica*, 1704. Trad. francesa de Pierre Coste, 1720. Ed. bras.: *Óptica*. Trad. André Koch Torres Assis. São Paulo: Edusp, 2002.

24

Esboço da física experimental. A física experimental se ocupa em geral da *existência*, da *qualidade* e do *emprego* dos corpos.[26]

A EXISTÊNCIA abarca sua *história, descrição, geração, conservação* e *destruição.*

A *história* é dos lugares, da importação e exportação, do preço, das preconcepções a seu respeito.

A *descrição* inclui suas partes interna e a externa, com as respectivas qualidades sensíveis.

A *geração* os toma desde a primeira origem até o seu estado de perfeição.

A *conservação* versa sobre os meios de mantê-los neste último estado.

A *destruição* os toma a partir do estado de perfeição e chega ao seu grau último, conhecido como *decomposição* ou *perecimento, dissolução* ou *resolução.*

As QUALIDADES são gerais ou particulares.

Chamo de *gerais* as qualidades comuns a todos os seres e que variam apenas em quantidade.

Chamo de *particulares* as que constituem o ser enquanto tal; elas podem ser ou da substância *em massa* ou da substância *dividida* ou *decomposta.*

O EMPREGO se estende à *comparação*, à *aplicação* e à *combinação.*

A *comparação* é feita a partir das semelhanças ou das diferenças.

A *aplicação* deve ser tão extensa e tão variada quanto possível.

A *combinação* é análoga ou díspar.

---

26 A expressão "corpos" não consta nesta passagem e nas seguintes; é um acréscimo de tradução, em prol da legibilidade do texto.

25

Digo *análoga* ou *díspar*, pois tudo na natureza tem um resultado, a experiência mais extravagante bem como a mais razoável. A filosofia experimental, que nada propõe para si mesma, contenta-se com o que obtém; já a racional é sempre instruída, mesmo quando não obtém o que se propôs para si.

26

A filosofia experimental é um estudo inocente que quase não exige preparação da alma. Não se pode dizer o mesmo das outras partes da filosofia. A maioria delas estimula em nós o furor das conjecturas. A filosofia experimental o reprime de maneira duradoura. Cedo ou tarde, isso de adivinhar e nunca acertar se torna um verdadeiro tédio.

27

O gosto pela observação pode ser inspirado em todos os homens, mas o da experiência, ao que parece, deve ser inspirado apenas nos homens abastados.

A observação não exige mais que o uso costumeiro dos sentidos, já a experiência requer gastos constantes. Seria desejável que os abastados acrescentassem esse meio de arruinar a própria fortuna aos já existentes, certamente menos louváveis. Pensando bem, é preferível se tornar pobre nas mãos de um químico do que ser despojado por um financista, sentir-se obcecado pela física experimental, que pode ser interessante, do que ser perturbado pela sombra de um prazer que se persegue em vão. Eu diria de bom grado aos filósofos de fortuna limitada que se sentem atraídos pela física experimental o mesmo que a um amigo tentado pelos prazeres de uma bela cortesã: *Laidem habeto, dummodo te Lais non habeat.*[27] E estenderia esse conselho aos que têm um espírito suficientemente largo para imaginar sistemas e são suficientemente opulentos para verificá-los pela experiência. Tenha um sistema, eu consinto; mas não se deixe dominar por ele: *Laidem habeto.*

28

A física experimental pode ser comparada, quanto aos seus efeitos positivos, ao pai que, no leito de morte, dirige-se aos filhos e lhes diz que há um tesouro enterrado em algum lugar nas terras da família, só não se lembra onde. Seus filhos remexem a terra, e, por mais que não encontrem o tesouro pelo qual buscavam, produzem uma colheita sazonal inesperada.

29

No ano seguinte, um dos filhos diz aos irmãos, "Examinei cuidadosamente o terreno que nosso pai nos deixou e creio ter descoberto onde está o tesouro. Pensei o seguinte. Se o tesouro está escondido nestas terras, deve haver em suas proximidades alguns sinais reveladores da sua presença. Percebi marcas inusitadas no ângulo que se volta para o Oriente, onde o solo parece ter sido remexido. Temos certeza, graças aos trabalhos do ano

---

27 Aristipo em Diógenes Laércio, *Vidas dos filósofos*, II, 75: "Tende uma Laís, contanto que ela não vos tenha."

passado, de que o tesouro não se encontra em parte alguma na superfície, e deve, portanto, estar escondido nas entranhas do solo. Tomemos, pois, a pá em mãos, e escavemos até chegar aos subterrâneos da avareza". Compelidos menos pela razão do que pelo desejo de riqueza, eles põem mãos à obra. Escavaram a fundo sem nada encontrar, e começaram a perder a esperança, quando, de súbito, um deles diz ter encontrado, a partir de algumas partículas brilhantes, o que parece ser uma mina. Era, na verdade, uma mina de chumbo, outrora explorada, e que, novamente explorada por eles, rendeu-lhes um bocado. Costuma ser essa a consequência das experiências sugeridas pelas observações e pelas ideias sistemáticas da filosofia racional. Os geômetras e os químicos, dedicando-se à solução de problemas talvez impossíveis, chegam a descobertas mais importantes do que a solução esperada.

30

O importante hábito de realizar experiências dá aos obreiros dedicados às tarefas mais grosseiras um pressentimento que tem o caráter de uma inspiração. Quando se enganam, fazem como Sócrates, evocam um demônio familiar. O filósofo estava de tal maneira habituado a considerar os homens e a avaliar as circunstâncias, que, mesmo nas ocasiões mais delicadas, ele realizava em si mesmo uma combinação, exata e precisa, seguida de um prognóstico do qual os eventos jamais se afastavam. Julgava os homens como os espirituosos julgam as obras, a partir do sentimento. Acontece o mesmo com o instinto de nossos grandes obreiros na física experimental. Eles observaram com tanta frequência e tão de perto as diversas operações da natureza, que advinham com exatidão o curso que ela poderá tomar, mesmo quando a provocam com os experimentos mais bizarros. Portanto, o serviço mais valioso que prestam aos que se iniciam na filosofia experimental é menos instruí-los sobre o procedimento e o resultado do que transmitir-lhes esse espírito de adivinhação, pelo qual *farejam*, por assim dizer, os procedimentos desconhecidos, as experiências novas, os resultados ignorados.

31

Como esse espírito se comunica? O homem que o possui deve entrar em si mesmo, reconhecer distintamente o que ele é, substituir o demônio familiar por noções inteligíveis e claras, e desenvolvê-las aos olhos dos outros. Se constatar, por exemplo, que "é uma facilidade supor ou perceber oposições ou analogias, e que essa facilidade tem sua fonte num conhecimento prático das qualidades físicas dos seres considerados isoladamente ou dos seus efeitos recíprocos, considerados os seres em combinação", ele estenderá essa ideia, a sustentará com uma infinidade de fatos que se oferecem à sua memória e comporá uma história fiel das aparentes extravagâncias que lhe passaram pela cabeça. Se digo *extravagâncias* é porque não sei que outro nome dar a esse encadeamento de conjecturas fundadas sobre oposições ou semelhanças, tão afastadas e tão imperceptíveis que os sonhos de um enfermo não pareceriam tão bizarros ou desconjuntados. Às vezes, não há sequer uma proposição que não possa ser contradita, seja em si mesma, seja em ligação com aquela que a procede ou se segue a ela. É um todo tão precário, tanto nas proposições quanto nas consequências, que muitas vezes não nos ocorre realizar observações ou experiências para verificá-lo.

EXEMPLOS[28]

32

Primeira conjectura.[29] 1. Existe um corpo chamado *tumor*. Esse corpo singular é engendrado na mulher, segundo alguns, sem a participação do homem. A geração permanece um mistério, mas parece certo que ambos os sexos colaboram para realizá--la. Não seria o tumor uma reunião de todos os elementos que emanam da mulher na produção humana ou de todos os elementos que emanam do homem nos seus diferentes contatos com a mulher? Esses elementos, tranquilos no homem,

---

28 As conjecturas que se seguem parecem ilustrar a divisão de trabalho feita na "Casa de Salomão" – instituição do romance utópico de Bacon, *Nova Atlântida* (1627). As primeiras conjecturas remeteriam às funções dos *pioneiros ou mineiros*, "que tentam novos experimentos considerados úteis". As segundas, terceiras e quartas, dos *lâmpadas*, "que se encarregam de orientar novos experimentos, estabelecidos a partir dos precedentes, e são eles dotados de um grau mais alto de luzes para penetrarem mais a fundo na natureza". As quintas, dos *intérpretes da natureza*, "que sintetizam as descobertas anteriores, feitas por experimentos, em observações, axiomas e aforismos de maior generalidade". As sextas e sétimas, por fim, dos *doadores ou benfeitores*, "que examinam os experimentos dos seus condiscípulos, procurando uma forma de extrair coisas de utilidade para a vida humana, para a ciência" (Bacon, op. cit.; *Nova Atlântida*. p. 276).
29 Na primeira edição, as conjecturas eram chamadas de *devaneios*.

uma vez disseminados e retidos em certas mulheres dotadas de um temperamento ardente e de uma imaginação forte, não poderiam se aquecer, exaltando-se e tornando-se ativos? Esses elementos, tranquilos na mulher, não poderiam se ativar pela presença seca e estéril dos movimentos infecundos e puramente voluptuosos do homem ou pela violência e a pressão dos desejos provocados pela própria mulher, deixando os seus reservatórios, chegando ao útero, instalando-se nele e combinando-se por si mesmos? O cisto não seria o resultado dessa combinação solitária dos elementos que emanam da mulher ou dos que são fornecidos pelo homem? Em todo caso, se o cisto é o resultado de uma das combinações que suponho, ele teria leis tão invariáveis quanto as da geração, e teria, portanto, uma organização constante. Tomemos o bisturi, abramos os cistos e vejamos; quem sabe se não descobriríamos cistos que se distinguem uns dos outros por vestígios relativos às diferenças entre os sexos? É uma arte de proceder a partir do que não se conhece para algo que se conhece ainda menos. Esse hábito da desrazão é a marca distintiva daqueles que adquiriram ou têm por natureza o gênio da física experimental, e muitas descobertas se devem a essa espécie de sonho. É uma divinação a ser ensinada aos aprendizes, se é que se pode ensiná-la.

2. Se, com o tempo, fosse descoberto que o cisto não pode ser engendrado pela mulher sem a cooperação do homem, surgiriam novas conjecturas, mais verossímeis que as anteriores, a respeito desse corpo extraordinário. Sabe-se que o tecido de vasos sanguíneos que recebe o nome de placenta é uma calota esférica, uma espécie de cogumelo que durante a gravidez adere por sua parte convexa ao útero, que o cordão umbilical é sua

haste, que ele se destaca do útero durante o parto, e que sua superfície é homogênea quando a mulher é saudável e a gravidez é bem-sucedida. Ora, os seres são sempre, em sua geração, conformação e usos, o que as resistências, as leis do movimento e a ordem universal os determinam a ser. Caso acontecesse de essa calota esférica, que parece estar presa ao útero por aplicação e contato, se destacar dele aos poucos a partir das bordas, desde o início da gestação, de tal sorte que o progresso da separação fosse concomitante ao do aumento do volume, parece-me que essas bordas liberadas poderiam se aproximar umas das outras, adquirindo aos poucos uma forma esférica; que o cordão umbilical, tensionado por duas forças contrárias, uma vinda das bordas separadas e convexas da calota, que tenderia a contraí-lo, a outra oriunda do peso do feto, que tenderia a esticá-lo, seria bem mais curto que de costume; que, em determinado momento, essas bordas coincidiriam, reunindo-se perfeitamente entre si e formando uma espécie de ovo, no centro do qual encontraríamos um feto de organização bizarra, que seria, tal como em sua produção, obliterado, amassado, inchado; por fim, que esse ovo se nutriria até que o seu peso terminasse por destacar a pequena parte de sua superfície que permanecera aderente, caindo isolado no útero e sendo expelido por uma espécie de ponte, como o ovo da galinha,[30] com o

---

30 A analogia entre o ovo e o cisto se encontra no Capítulo 10, "Sobre a formação do feto", do segundo tomo da *História Natural* de Buffon, in: *História natural*, op. cit., p.361): "Eu estaria [...] muito tentado a acreditar que as moças podem desenvolver cistos sem ter tido comunicação com o macho, como as galinhas desenvolvem ovos sem ter visto o galo." Vale lembrar que as moléculas orgâni-

qual ele tem alguma analogia, pela forma. Caso essas conjecturas fossem verificadas em um cisto, e, ao mesmo tempo, ficasse demonstrado que ele foi engendrado na mulher sem nenhuma contribuição do homem, se seguiria, de maneira evidente, que o feto é inteiramente formado pela mulher, e a ação do homem contribui apenas para o seu desenvolvimento.

33

Segunda conjectura. Supondo que a Terra tenha um núcleo sólido formado de vidro, como quer um de nossos maiores filósofos,[31] e que esse núcleo seja revestido por camadas de poeira, é certo, em razão das leis da força centrífuga, que tende a aproximar os corpos livres do equador e a dar à Terra a forma de esferoide achatada nos polos, que essas camadas de poeira serão menos espessas nos polos do que nos outros paralelos, e é provável que o núcleo não tenha revestimento nas duas extremidades do eixo, e que a essa particularidade se deve atribuir a direção da agulha imantada bem como as auroras boreais, que provavelmente são correntes de matéria elétrica.

Tudo indica que o magnetismo e a eletricidade dependem das mesmas causas. Não seriam efeitos do movimento de rotação do globo e da energia dos materiais que o compõem, combinados

---

    cas, para Buffon, podem se organizar espontaneamente, formando pequenos seres, como vermes no estômago e cistos no útero.

31 Alusão a Buffon, "Segundo discurso introdutório", in: *História Natural*, op. cit. Teoria similar fora proposta por Leibniz na *Protogea*, livro que Diderot conhecia bem. Ver a ed. brasileira: *A Protogea de Leibniz*. Org. Nelson Papavero et al. São Paulo: Pleiade, 1998.

à ação da lua? O fluxo e o refluxo, as correntes, os ventos, a luz, o movimento das partículas livres do globo, talvez mesmo o da crosta que reveste o núcleo, operam de maneira infinitamente variada e em constante fricção; com o passar dos séculos, o efeito de causas que atuam insensivelmente e sem interrupção forma um produto considerável; o núcleo do globo é uma massa de vidro, de areia e de materiais vitrificáveis; de todas as substâncias, o vidro é a que produz mais eletricidade a partir da fricção – Não seria a massa total de eletricidade terrestre o resultado de todas as fricções realizadas na superfície da Terra e em seu núcleo? Presume-se que, a partir dessa causa geral, poderia ser deduzida, após algumas tentativas, uma causa particular, que constituiria, entre dois fenômenos como a posição da aurora boreal e a direção da agulha imantada, uma ligação similar àquela, devidamente constatada, entre o magnetismo e a eletricidade, desde que as agulhas pudessem ser imantadas unicamente a partir da eletricidade. Essas noções, que existem apenas em meu entendimento, podem ser confirmadas ou desmentidas. Cabe aos experimentos torná-las mais sólidas, e ao físico imaginar se elas diferenciam os fenômenos ou os identificam.

34

Terceira conjectura. A matéria elétrica exala, nos pontos em que é eletrificada, um odor sulfuroso sensível. A partir dessa qualidade, não poderiam os químicos se apoderar dela? Por que não tentaram ainda, com todos os meios possíveis, carregar os fluidos com a maior quantidade possível de matéria elétrica? Sequer sabemos se a água eletrificada dissolve o açúcar mais prontamente do que a simples. O fogo de nossas fornalhas aumenta consideravelmente o peso de alguns materiais, como o chumbo calcificado, por exemplo; se o fogo da eletricidade, aplicado ininterruptamente a esse metal, aumentasse ainda mais esse efeito, não resultaria uma nova analogia entre o fogo elétrico e o fogo comum? Foram feitos testes para ver se esse fogo extraordinário não teria alguma virtude a acrescentar aos remédios, tornando-os mais eficazes ou ativos. Mas esses ensaios foram abandonados prematuramente. A eletricidade não poderia modificar a formação dos cristais e as suas propriedades? Quantas conjecturas a formar com a imaginação e a confirmar ou desmentir a partir da experiência!

35

Quarta conjectura.[32] Que outra causa, além da eletricidade, haveria para os meteoros, os fogos-fátuos, as exalações, as estrelas cadentes, as fosforescências, naturais ou artificiais, e os troncos apodrecidos de madeira luminescente? Por que não realizar, com essas fosforescências, os experimentos necessários à verificação dessa hipótese? Por que não ocorreu a ninguém testar se o ar, a exemplo do vidro, não seria um corpo dotado de eletricidade própria, que, para se eletrificar, tem de

---

32 Na primeira edição, encontrava-se o seguinte texto: "Quarta divagação. A eletricidade foi aplicada a algumas doenças; por que não à esterilidade? Quem sabe se a matéria elétrica, que comunica à água o estalo e a cor do fogo de maneira tão sensível no escuro, não poderia animar uma matéria espermática fria e languescente, predispondo-a à comunicação e ao movimento dos quais resulta a organização animal?"

ser friccionado e batido? Quem saberia dizer se o ar carregado de matéria sulfurosa é mais eletrificado ou menos que o ar puro? Se girarmos no ar com grande velocidade uma vara de metal dotada de uma superfície considerável, poderemos descobrir se o ar é elétrico e se a vara recebeu ou não alguma eletricidade. Se, durante o experimento, queimarmos enxofre ou outras matérias, poderemos identificar quais dentre elas aumentam ou diminuem a qualidade elétrica do ar. Talvez o ar frio do polo seja mais suscetível a eletrificação do que o ar quente do equador, e, como o gelo é elétrico, mas a água não, quem sabe se os fenômenos da direção da agulha imantada e da aparição das auroras boreais, que, como sugerimos na segunda conjectura, parecem depender da eletricidade, não se devem à enorme quantidade de gelo reunida nos polos? A observação identificou um dos princípios mais gerais e mais poderosos da natureza; cabe à experiência descobrir os seus efeitos.

36

Quinta conjectura.[33] 1. Se estendermos a corda de um instrumento qualquer e a dividirmos em duas partes desiguais, interpondo entre elas um pequeno obstáculo que não impeça a

---

33 Na primeira edição, encontrava-se o seguinte texto: "Sexta divagação. Todos os experimentos até aqui realizados foram feitos fora do globo elétrico. Parece-me, no entanto, que também poderiam ser feitos dentro. Para tanto, bastaria ter um globo que girasse em torno de um eixo imóvel. Com a ajuda desse eixo, e de uma vara que o atravessasse perpendicularmente e que levasse um *coussin* a cada uma de suas extremidades, o choque poderia ser aplicado ao mesmo tempo nas partes externa e interna. O eixo imóvel, suspenso

Da interpretação da natureza

comunicação de vibrações de uma parte a outra, esse obstáculo fará com que a parte maior se divida em porções vibratórias tais que serão compreendidas entre dois pontos imóveis e as duas partes da corda emitirão um uníssono. Mas, como a ressonância do corpo não é, de modo algum, a causa da divisão da parte maior, ao contrário, o uníssono é o efeito da sua divisão em duas porções, pensei que, se substituirmos a corda do instrumento por uma vara de metal e a atingirmos com violência, formar-se-iam, ao longo de sua extensão, ventres e nós; que o mesmo aconteceria a todo corpo, sonoro ou não; que esse fenômeno, que acreditamos ser próprio de cordas vibratórias, ocorre de maneira mais ou menos forte em toda percussão; que ele depende das leis de comunicação do movimento; que existem, nos corpos que são atingidos, partes oscilantes infinitamente pequenas e nós ou pontos imóveis infinitamente próximos; que essas partes oscilantes e esses nós são as causas do tremor que experimentamos por meio da sensação do tato no corpo após o choque, seja durante a translação local, seja após a sua ocorrência; que essa suposição está de acordo com a natureza do tremor, que não vai da superfície tocada para a parte sensível que a toca, mas de uma infinidade de pontos espalhados sobre a superfície do corpo a uma infinidade de pontos imóveis; que, nos corpos contínuos elásticos, a força de inércia, que parece se distribuir uniformemente pela massa, tem em um ponto qualquer a função de colocar um pequeno obstáculo em relação a outro ponto; que, se supusermos que a parte atingida de uma corda vibratória é infinitamente pequena, e portanto que

---

    por agulhas, serviria como suporte para corpos sólidos e fluidos de toda espécie e toda forma."

os ventres também o são, e os nós quase o são, temos em uma direção e, por assim dizer, sobre uma mesma linha, a imagem do que acontece em todas as direções quando um sólido é atingido por outro. Pensei, ainda, que, dada a extensão da parte interceptada da corda vibratória, nenhuma causa seria capaz de multiplicar, em outra parte, o número de pontos imóveis; que esse número permaneceria o mesmo, não importa a força do golpe; e que, como a velocidade das oscilações é a única a variar, o tremor do corpo seria mais ou menos violento quando ele fosse atingido, mas a relação entre o número de pontos vibratórios e de pontos imóveis permaneceria a mesma, e a quantidade de matéria em repouso nesse corpo seria constante independentemente da força do choque, da densidade do corpo e da coesão de suas partes. O geômetra teria apenas de estender o cálculo da corda vibratória ao prisma, à esfera e ao cilindro, encontrando, assim, a lei geral da distribuição do movimento num corpo atingido por um choque, lei pela qual até agora não nos ocorreu buscar, pois sequer pensamos na existência desse fenômeno, supondo, ao contrário, que a distribuição do movimento pela massa como um todo seria uniforme, por mais que o tremor do choque indique, por via da sensação, a existência de pontos vibratórios distribuídos entre pontos imóveis. Se digo *o tremor do choque*, é porque é verossímil que, na comunicação de movimento sem choque, o corpo seja atingido do mesmo modo que a menor dentre as moléculas, e o movimento seja simultâneo e uniforme na massa como um todo; nesse caso, tampouco há tremor, o que permite distingui--lo, de uma vez por todas, do caso em que há choque.

2. A partir do princípio da decomposição de forças, é possível reduzir a uma única força todas as que atuam sobre um corpo.

Se a quantidade e a direção da força que atua sobre o corpo estiverem dadas e quisermos determinar o movimento que dela resulta, veremos que o corpo avança como se a força passasse pelo centro de gravidade, e que ele gira em torno do centro de gravidade como se esse centro fosse fixo e a força atuasse em torno dele como se fora um ponto de apoio. Portanto, duas moléculas que se atraem reciprocamente se disporão uma em relação à outra segundo as leis de atração, as suas figuras etc. Se esse sistema formado por duas moléculas atrair uma terceira, que, por sua vez, o atraia, essas três moléculas se disporão umas em relação às outras segundo as leis de atração, as suas figuras etc., e assim por diante para outras moléculas e outros sistemas. Elas formarão em conjunto um sistema A, no qual, não importa se elas se tocam ou não, se elas se movem ou permanecem em repouso, resistirão a uma força que tende a perturbar a coordenação entre elas e tenderá, ininterruptamente, a devolvê-las à ordem inicial se a força perturbadora cessar, ou, se ela persistir, a coordenarem-se entre si a partir da ação da força perturbadora sobre elas. Esse sistema A é o que chamo de corpo elástico. Nesse sentido geral e abstrato, o sistema planetário, o universo, é um corpo elástico, e o caos é uma impossibilidade, pois existe uma ordem que se segue necessariamente a partir das qualidades primitivas da matéria.

3. Se considerarmos o sistema A no vácuo, ele será indestrutível, inabalável e eterno; se supusermos que suas partes se encontram dispersas na imensidão do espaço, então, como as qualidades, a exemplo da atração, se propagarão ao infinito, pois nada poderá conter a esfera de sua atuação, as partes, cuja figura não terá variado e que serão animadas pelas mesmas forças, se coordenarão entre si como antes e formarão novamen-

te um corpo elástico em algum ponto do espaço e em algum momento da duração.

4. O mesmo não se dará se supusermos o sistema A no universo. Os efeitos não serão menos necessários, mas a ação determinante das causas nem sempre é a mesma. O número de causas que se combinam entre si no sistema geral ou no corpo elástico universal é tão grande que sequer sabemos o que os sistemas ou corpos elásticos particulares teriam sido na origem ou o que eles se tornarão. Sendo assim, sem afirmar que a atração constitua, no pleno, a dureza e a elasticidade tais como as observamos, é evidente que essa propriedade da matéria é por si mesma suficiente para constituí-la no vácuo e produzir a rarefação, a condensação e todos os fenômenos que dependem delas. Por que, então, não seria ela a causa primeira desses fenômenos em nosso sistema geral, em que uma infinidade de causas que a modificassem fariam variar ao infinito a quantidade de fenômenos nos sistemas ou corpos elásticos particulares? Um corpo elástico redobrado só se romperia quando a causa que aproxima suas partes em uma direção as afastasse a tal ponto na direção contrária que a atração recíproca entre elas deixasse de produzir qualquer ação sensível de umas sobre as outras. Um corpo que é atingido por outro só se romperia quando muitas de suas moléculas vibratórias fossem lançadas, em sua oscilação inicial, a alguma distância das moléculas imóveis entre as quais se situassem, a ponto de desaparecer toda ação recíproca entre elas. Se a violência do choque fosse suficientemente grande para que as moléculas vibratórias fossem lançadas para além de sua esfera de atração sensível, o corpo perderia alguns de seus elementos. Mas, entre a colisão mais forte que um corpo poderia suportar e a colisão ocasionada

pelo mais fraco tremor, haveria outra, real ou inteligível, graças à qual todos os elementos dos corpos seriam separados e deixariam de se tocar, sem que, no entanto, o sistema por eles formados fosse destruído ou a coordenação entre eles fosse suprimida. Deixaremos ao leitor a aplicação dos mesmos princípios à condensação, à rarefação etc. Observaremos, apenas, que há uma diferença entre a comunicação de movimento pelo choque e a comunicação de movimento sem o choque. Sem choque, a translação de um corpo se dá em todas as partes de maneira uniforme e simultânea, e, não importa a quantidade de movimento comunicado, que seja infinito, o corpo não é destruído, mas permanece inteiro até que um choque faça oscilar algumas de suas partes em meio a outras que permanecem imóveis, pois, então, o ventre das oscilações tem uma amplitude tal que as partes que oscilam não conseguem recuperar seu lugar de origem e tampouco retornar à coordenação sistemática.

5. O que dissemos até aqui diz respeito apenas aos corpos elásticos simples, ou sistemas de partículas de mesma matéria, de mesma figura, animadas pela mesma quantidade e movidas pela mesma lei de atração. Se, porém, essas qualidades forem variáveis, resultará uma infinidade de corpos elásticos mistos. Entendo por corpo elástico misto um sistema composto por dois ou mais sistemas de partículas de diferente matéria e diferente figura, animadas por diferentes quantidades e talvez até movidas por diferentes leis de atração,[34] coordenadas entre si por uma lei comum a todas, e que pode ser considerado como produto da atração recíproca entre elas. Se conseguíssemos, por meio de algumas intervenções, simplificar o sistema composto,

---

34 Sobre essa expressão inusitada, vide o pensamento 50.

coordenando entre si as partículas de mesma espécie, ou torná-lo ainda mais composto, introduzindo uma matéria nova cujas partículas se coordenassem com as do sistema existente, alterando a lei comum a todas, então, a dureza, a compressibilidade, a rarefação e outras propriedades que dependem, no sistema composto, da coordenação entre as partículas, aumentariam, diminuiriam, e assim por diante. O chumbo, que é praticamente desprovido de dureza e elasticidade, pode se tornar menos duro e mais elástico quando posto em fusão, ou seja, quando é introduzida uma coordenação entre o sistema composto pelas moléculas que o constituem e o sistema composto pelas moléculas do ar, do fogo etc., constituindo assim o chumbo fundido.

6. Essas ideias poderiam facilmente ser aplicadas a uma infinidade de outros fenômenos similares, resultando num tratado bastante extenso. A questão mais difícil seria descobrir por meio de qual mecanismo as partes de um sistema, quando se coordenam com as partes de outro sistema, porventura o simplificam, afastando esse mesmo sistema de outras partes coordenadas, como acontece em certas operações químicas. Esse fenômeno parece não afetar as atrações a partir de diferentes leis; e seria difícil admitir a existência de qualidades de repulsão. Vejamos como poderia acontecer. Seja um sistema A composto pelos sistemas B e C cujas moléculas são coordenadas entre si segundo alguma lei comum a todas. Se introduzimos no sistema composto A um outro sistema D, de duas coisas uma: ou as partículas do sistema D se coordenarão com as do sistema A sem que haja choque, e, nesse caso, o sistema A será composto pelos sistemas B, C, D, ou a coordenação entre as partículas do sistema D e as do sistema A será acompanhada de choque. Se o choque for tal que as partículas atingidas não

sejam lançadas, em sua oscilação inicial, para além da esfera infinitamente pequena de sua atração, haverá num primeiro momento uma perturbação ou oscilação de uma multidão de infinitas pequenas oscilações. Mas essa perturbação logo terminará, as partículas se coordenarão entre si, e resultará um sistema A composto pelos sistemas B, C e D. Se as partes do sistema B ou do sistema C ou de ambos sofrerem choque desde o primeiro instante da coordenação entre eles, e forem lançadas para além da esfera de sua atração pelas partes do sistema D, elas serão excluídas em definitivo da coordenação sistemática, e ou o sistema A será composto pelos sistemas B e D, ou pelos sistemas C e D, ou o sistema será simples, formado pela coordenação entre as partículas do sistema D. Esses fenômenos podem ocorrer em circunstâncias que acrescentem em muito à verossimilhança das ideias ou então que a *anulem por completo*. Cheguei a esse ponto a partir do *tremor de um corpo elástico que sofre um choque*. A separação jamais pode ser espontânea onde não há *coordenação*, mas pode sê-lo se houver apenas *composição*. A *coordenação* é, ainda, um princípio de *uniformidade*, mesmo em um *todo* heterogêneo.

37

Sexta conjectura. As produções da arte permanecerão vulgares, imperfeitas e defeituosas enquanto não for proposta uma imitação mais rigorosa da natureza. A natureza é obstinada e lenta em suas operações. Ela avança rumo ao seu fim de maneira insensivelmente gradual, não importa se se trata de estender, aproximar, unir, dividir, amolecer, condensar, enrijecer, liquefazer, dissolver ou assimilar. A arte, ao contrário, se apressa, se cansa e se distende. A natureza leva séculos para preparar grosseiramente os metais; a arte se propõe a aperfeiçoá-los em um dia. A natureza leva séculos para formar as pedras preciosas; a arte quer contrafazê-las em um instante. Não é suficiente possuir os melhores meios, é preciso saber aplicá-los. Comete-se um erro quando se imagina que, desde que o produto da intensidade da ação multiplicado pelo tempo da ação seja o mesmo, o resultado será sempre o mesmo. Toda aplicação que transforma é necessariamente lenta, gradual e contínua. Se não for assim, será destrutiva. O que não extrairíamos das misturas de certas substâncias, de que não obtemos mais que compostos extremamente imperfeitos, se procedêssemos de maneira análoga à da natureza! Mas não, estamos sempre ansiosos para aproveitar, para ver o fim do que começamos a fazer. Daí tantas tentativas infrutíferas, tantas despesas e esforços perdidos, tantos trabalhos que a natureza sugere e que a arte nunca realiza, porque a possibilidade de êxito lhe parece tão remota. Quem poderia deixar as grutas de Arcy sem estar convencido, pela velocidade com que as estalactites se formam e se restauram, de que um dia essas grutas serão uma imensa massa sólida? Onde está o naturalista que, refletindo sobre esse fenômeno, não conjecturou que, se pudesse filtrar as águas aos poucos através de terras e de rochedos cujas estilações terminassem nas espaçosas cavernas, formaria, com o tempo, carreiras artificiais de alabastro, de mármore e de outras pedras, cuja qualidade variaria segundo a natureza das terras, das águas e dos rochedos? Mas de que servem essas visões sem a coragem, a paciência, os trabalhos, as despesas, o tempo e, principalmente, o gosto antigo pelas grandes empreitadas, de que subsistem tantos monumentos aos quais, no entanto, reservamos uma admiração fria e estéril?

38

Sétima conjectura. Por muito tempo tentamos em vão converter o ferro em um aço que se equiparasse ao da Inglaterra ou da Alemanha e pudesse ser empregado na fabricação de artefatos mais delicados. Ignoro os procedimentos adotados, mas, ao que me parece, chegamos a essa importante descoberta a partir da imitação e do aperfeiçoamento de uma atividade muito comum nos ateliês dos obreiros que trabalham o ferro. Chama-se *imersão em têmpera*. Para realizá-la, deve-se moer fuligem dura e diluí-la em urina, acrescentando ao preparado uma porção de alho socado, tiras de couro velho e sal. Toma-se então uma caixa de ferro e reveste-se o seu fundo com a mistura, sobrepondo a ela peças de ferro, e assim por diante, até que a caixa esteja cheia. Fecha-se a caixa com uma tampa, que é untada com uma mistura de terra fértil batida, crina e esterco de cavalo. Dispõe-se a caixa sobre uma pilha de carvão proporcional ao seu volume, acende-se o carvão e cuida-se para que o fogo se mantenha brando. Três ou quatro horas depois, retira-se a caixa do fogo, ergue-se a tampa e despeja-se o conteúdo em uma tina de água fresca, mexendo-as à medida que vão caindo. As peças de ferro estão temperadas. Quebre-se uma delas, e ver-se-á que a camada superficial foi convertida em um aço resistente e granulado de fina espessura. Essa superfície adquire um polimento mais brilhante e conserva melhor as formas que lhe foram dadas pela lima. Tudo leva a crer que se o ferro for bem escolhido e devidamente trabalhado, reduzido a finas folhas de chapa ou a vergas delgadas, e exposto, *stratum super stratum*, à ação do fogo e dos materiais empregados na têmpera, para depois, ao sair do forno, ser mergulhado em água, ele se converterá em aço. Seria desejável que essa tarefa fosse confiada a homens acostumados a manusear o ferro, que conhecem as suas qualidades e sabem como consertar os seus defeitos, pois eles sem dúvida saberiam como simplificar as atividades dos obreiros e encontrar os materiais mais apropriados às operações que eles realizam.

39

O que é ensinado sobre a física experimental nas lições públicas seria o suficiente para promover essa espécie de delírio filosófico? Creio que não. Nossos fabricantes de cursos lembram um pouco o anfitrião que se vangloria de um grande banquete só porque muitos acudiram à sua mesa. Mais importante é estimular o apetite a fim de que, levados pelo desejo de satisfazê-lo, alguns passem da condição de discípulos à de amadores, e desta à de filósofos profissionais. Não compete ao homem público exprimir reservas ao progresso da ciência. É preciso revelar não apenas a coisa, mas também os meios que levam a ela. Os homens que descobriram novos cálculos foram grandes por suas invenções, mas pequenos pelo mistério que ergueram em torno delas. Se Newton tivesse se pronunciado antes, como convinha à sua glória e ao seu interesse, Leibniz não teria dividido com ele o título de inventor do cálculo diferencial. O alemão imaginou o instrumento enquanto o inglês se deleitava com a admiração dos doutos que o viam aplicá-lo.[35] Nas matemáticas como na física, é mais seguro garantir as posses de saída, exibindo os títulos em público. De resto, quando peço que se mostrem os meios, refiro-me aos bem-sucedidos; quanto aos outros, nunca é demais ser sucinto.

---

35 Ver pensamento 2.

40

Revelar não é suficiente; a revelação deve ser completa e clara. Há uma espécie de obscuridade, que podemos definir como *afetação dos grandes mestres*. É um véu que eles gostam de estender entre o povo e a natureza. Com o devido respeito pelos nomes célebres, eu diria que tal é a obscuridade que reina em algumas obras de Stahl[36] e nos *Princípios matemáticos* de Newton[37]. Esses livros, para serem estimados de acordo com seu devido valor, só precisam ser devidamente entendidos. Se quisessem torná-los claros, seus autores não teriam levado mais que um mês. Teriam poupado, a centenas de bons espíritos, ao menos três anos de labuta e fadiga; são milhares de anos que poderiam ser ocupados com outras coisas. Tornemos popular a filosofia. Se queremos que os filósofos progridam, abordemos o povo a partir do ponto em que ele se encontra. E, se alguém disser que certas obras jamais poderiam ser postas ao alcance dos espíritos comuns, mostrará, com isso, que ignora os poderes do bom método e do hábito continuado.

Eu diria, ciente do risco de advogar em causa própria, que os metafísicos são os únicos autores que podem se dar ao luxo de ser obscuros. As grandes abstrações não admitem mais do que

---

36 Georg Ernst Stahl, *Specimen Becherianum* [O código da química]. Vide o verbete "Química" no v.3 da *Enciclopédia* (N. A.). [Incluído no v.3 da edição brasileira: *Enciclopédia, ou dicionário razoado das ciências, das artes e dos ofícios*, v. 3, op. cit.]

37 Newton, *Princípios matemáticos de filosofia natural* (1687). Ed. port.: trad. J. Resina Rodrigues. Lisboa: Fundação Calouste Gulbenkian, 2017.

vislumbres parciais. O ato de generalização tende a despojar os conceitos de tudo o que eles têm de sensível. À medida que esse ato avança, os espectros corporais evanescem, as noções vão migrando aos poucos da imaginação para o entendimento e as ideias se tornam puramente intelectuais. Então, o filósofo especulativo se torna semelhante a alguém que observa tudo do cume de uma montanha, acima das nuvens: os objetos da planície desaparecem diante dele, e resta-lhe somente o espetáculo de seus pensamentos e a consciência da altura a que ele próprio se elevou, na qual, provavelmente, poucos conseguiriam respirar.

41

O véu da natureza não é o suficiente sem o reforço do véu do mistério? As dificuldades da arte não bastam? Abra o livro de Franklin,[38] folheie os dos químicos, e verá que a arte da experimentação exige visões, imaginação, sagacidade e talento. Leia com atenção, pois, se é possível aprender de quantas maneiras uma mesma experiência pode ser repetida, é assim que aprenderá. Se, na falta de gênio, precisar de um instrumento técnico que lhe dirija, tenha diante dos olhos uma tábua das propriedades da matéria identificadas até hoje, veja quais dentre elas pertencem à substância que entrará no experimento e assegure-se de que elas de fato lhe convêm. Tente, em seguida, saber qual a sua quantidade. Quase sempre ela se deixa medir por um instrumento que, pela aplicação uniforme e contínua de uma parte análoga à substância, termina por exaurir essa

---

38 Referência aos escritos do norte-americano Benjamin Franklin (1705-1790).

qualidade.³⁹ Quanto à existência, só poderá ser constatada por meios que não são óbvios. Nesse caso, mesmo que não se saiba como buscar por eles, já é muito saber pelo que está buscando. Quanto àqueles constrangidos a admitir sua própria inaptidão, seja pela constatação de que não conseguem realizar descobertas, seja pela inveja que sentem das descobertas alheias e pelos ardis a que recorrem para que seu nome seja inscrito nelas, fariam melhor em abandonar uma ciência que cultivam sem vantagem para ela e sem glória para si mesmos.

42

Alguém que formou na cabeça um desses sistemas que têm de ser verificados pela experiência não deve se apegar a ele com obstinação nem o abandonar de maneira leviana. Se conjecturas como essas às vezes nos parecem falsas, é porque não foram devidamente verificadas. Por isso, a obstinação é menos nociva que o excesso oposto a ela. Quem sabe se, à força de multiplicar os ensaios, não encontraremos algo ainda melhor do que isso que buscamos? O tempo que empregamos para interrogar a natureza nunca é inteiramente perdido. Sua consistência se deixa mensurar pelos graus da analogia. Ideias totalmente bizarras não merecem mais que um ensaio; as verossímeis requerem atenção; quanto às que prometem uma descoberta importante,

---

39 Na edição crítica dos *Pensamentos*, Jean Varloot aduz em nota: "Quando procedemos a uma combinação que suprime esta ou aquela qualidade de um corpo, a medida é feita pelo acréscimo de porções sucessivas de um outro corpo (se possível, evitando-se que haja um resto). Obtém-se, então, a quantidade, ou seja, a proporção da qualidade em questão no corpo. Estaríamos tão longe de Lavoisier?".

jamais se deve renunciar a elas antes de tê-las esgotado. Para tanto, ao que parece, não são necessários preceitos. Nossa dedicação à pesquisa é proporcional ao interesse que temos por ela.

43

Como os sistemas em questão se apoiam meramente sobre ideias vagas, suspeitas superficiais, analogias enganosas, e mesmo, é preciso dizer, quimeras que o espírito exaltado facilmente toma por visões, nenhum deles deve ser adotado antes de ser submetido à prova da *inversão*. Assim como na filosofia puramente racional a verdade costuma ser o extremo oposto do erro, na filosofia experimental o fenômeno esperado pode não advir do experimento realizado, mas do seu contrário. Por isso, é de suma importância observar os dois pontos que se opõem diametralmente. Nas duas primeiras de minhas divagações,[40] recobri o equador do globo elétrico e descobri os seus polos, mas teria sido necessário recobrir os polos e descobrir o equador. E como é desejável que haja a maior semelhança possível entre o globo experimental e o natural, a escolha do material utilizado para recobrir as partes não é indiferente. Se empregássemos uma massa fluida, o que seria perfeitamente viável, o experimento talvez produzisse um fenômeno inesperado, diferente daquele que estamos tentando imitar.

44

É preciso repetir os experimentos para que as circunstâncias possam ser detalhadas e os limites, conhecidos. É preciso

---
40 Assim eram chamadas as conjecturas na versão inicial do texto.

aplicá-los a diferentes objetos, complicá-los, combiná-los das mais diversas maneiras. Enquanto os experimentos permanecerem esparsos, isolados, sem ligação, irredutíveis, sua própria irredutibilidade será a demonstração de que algo resta a ser feito. É preciso dedicar-se exclusivamente ao seu objeto, e, por assim dizer, atormentá-lo a tal ponto que os fenômenos estejam encadeados, e um não possa ser dado sem que todos os outros se sigam. Comecemos pela redução dos efeitos, passemos em seguida à das causas. Ora, os efeitos só se deixam reduzir quando multiplicados. A grande arte a que se recorre para que uma causa exprima tudo o que ela pode dar consiste em discernir aquelas das quais temos o direito de esperar um fenômeno novo das que produzirão apenas um fenômeno travestido. Ocupar-se eternamente dessas metamorfoses produz um cansaço considerável e nenhum avanço. Um experimento que não estende a lei a um caso novo, ou que não a restringe com uma exceção, não significa nada. O meio mais rápido para verificar o valor de um ensaio é torná-lo o antecedente a um entimema e examinar a sua consequência. A consequência é exatamente igual à já extraída de outro ensaio? Então não houve nova descoberta, apenas a confirmação de alguma descoberta prévia. Essa regra tão simples reduziria a maioria dos grossos livros de física experimental a umas poucas páginas, sem mencionar outros tantos que seriam reduzidos a nada.

45

Assim como nas matemáticas o exame exaustivo das propriedades de uma curva mostra que se trata da mesma propriedade sob diferentes facetas, também na natureza haverá de se reconhecer, quando a física experimental estiver mais avançada, que todos os fenômenos, da gravitação, da elasticidade, da atração, do magnetismo ou da eletricidade, são diferentes facetas de uma mesma propriedade. Entre os fenômenos conhecidos que relacionamos a uma dessas causas, quantos não há que são intermediários e formam as ligações, preenchem os vazios e demonstram a identidade, mas que ainda não foram encontrados? Impossível dizer. Provavelmente, existe um fenômeno central que lançará os seus raios não apenas sobre os que conhecemos, mas também sobre todos aqueles que o tempo revelará, unindo-os entre si e formando com eles um sistema. Na falta, porém, desse centro comum de correspondência, esses fenômenos permanecem isolados, e todas as descobertas da física experimental não fazem mais que aproximá-los entre si por interposição, sem jamais reuni-los. Forma-se um círculo contínuo de fenômenos, em que não poderemos discernir qual o primeiro e qual o último. Essa situação singular, em que a física experimental, à força de seu trabalho, forma um labirinto em que a física racional se perde em rodeios, é tão plausível na natureza como nas matemáticas, onde a síntese e a análise encontram as proporções intermediárias que separam a propriedade fundamental de uma curva de sua propriedade mais remota.

46

Existem fenômenos enganosos que, à primeira vista, parecem revirar um sistema, mas que, se devidamente conhecidos, terminam por confirmá-lo. Esses fenômenos se tornam o suplício do filósofo, principalmente quando ele tem o pressentimento de que a natureza resiste às suas investidas e se furta às suas conjecturas por meio de um mecanismo secreto extraordinário. É o que acontece cada vez que um fenômeno resulta de muitas causas, não importa se conspiram entre si ou se opõem umas às outras. Se elas conspiram, constata-se que a quantidade do fenômeno é grande demais para a hipótese elaborada, se se opõem, é porque é demasiado pequena. Por vezes, ela se torna nula, e o fenômeno desaparece sem que se saiba ao que atribuir o caprichoso silêncio da natureza. Suspeita-se da razão? Mas, então, não há como avançar. É preciso trabalhar para separar as causas, decompor o resultado de suas ações e reduzir um fenômeno demasiado complicado a outro mais simples, ou ao menos tornar manifesta, a partir de um novo experimento, a complexidade das causas, o concurso ou a oposição entre elas. Operação muitas vezes delicada, quando não impossível. O sistema vacila; os filósofos se dividem; uns se apegam a ele, outros preferem a experiência que parece contrariá-lo; a disputa segue até que a sagacidade ou o acaso, mais fecundo que ela e que nunca descansa, venha suspender a contradição e restituir a honra de ideias que quase foram abandonadas.

47

É preciso conceder à experiência a liberdade que lhe é própria; mostrar o lado que prova e esconder o que contradiz é mantê-la cativa. É um inconveniente típico não tanto de quem tem ideias, mas de quem se deixa cegar por elas quando ensaia um experimento. O exame do experimento só costuma ser severo quando o resultado contradiz o sistema. Então, não es-

Pensamentos sobre a interpretação da natureza

quecemos de nada que possa alterar a face do fenômeno ou a linguagem da natureza. Caso contrário, o observador é indulgente; passa por alto as circunstâncias; não lhe ocorre propor objeções à natureza; acredita em tudo o que ela diz; não suspeita de equívocos; e bem poderíamos lhe dizer, "Seu ofício é interrogar a natureza, mas ou a leva a mentir ou receia que ela se explique".

48

Se o caminho que tomamos é ruim, quanto mais rápido caminharmos, mais nos perderemos. Como refazer os passos se o caminho percorrido for imenso? O esgotamento das forças nos impede, a vaidade se opõe sem que nos apercebamos, o apego aos princípios dissemina por toda parte um prestígio que desfigura os objetos. Deixamos de vê-los como são, e os vemos como conviria que eles fossem. Em vez de reformar nossas noções a partir dos seres, queremos remodelar os seres a partir das nossas noções. Dentre todos os filósofos, os metódicos são os que mais se deixam dominar por esse furor. Tão logo um deles tenha posto, em seu sistema, o homem no topo dos quadrúpedes, passa a vê-lo na natureza como um animal de quatro patas. Em vão a sublime razão de que ele é dotado se rebela contra a denominação *animal* e sua organização contradiz a noção de *quadrúpede*; em vão a natureza volta os olhos para os céus: o preconceito do sistema recurva seu corpo sobre a terra.[41] Para o sistemático, a razão não passa de um instinto

---

41 Diderot parafraseia Ovídio, *Metamorfoses*, I, 84-85: "E se os outros animais, dobrados para baixo, olham o chão, / conferiu ao homem

aperfeiçoado; e ele acredita seriamente que é apenas por falta de hábito que o homem perde o uso das patas, pois só lhe interessa transformar suas mãos em dois pés.

49

A dialética dos metódicos é tão singular que não poderíamos passar sem uma mostra dela. O homem, diz Lineu no prefácio à *Fauna Suecica*, não é nem uma pedra nem uma planta, e, logo, é um animal. Não é desprovido de pés, logo, não é um verme. Não é um inseto, pois não tem antenas. Não tem nadadeiras, logo, não é um peixe. Não é um pássaro, pois não tem plumas. Mas, então, o que é o homem? Tem a boca de um quadrúpede. Tem quatro patas; as dianteiras servem ao tato, as traseiras à marcha. Portanto, é um quadrúpede. "É verdade", prossegue o metódico, "que, a partir dos meus princípios de história natural, eu jamais poderia distinguir o homem do macaco, pois certos macacos têm menos pelos que os homens, alguns caminham sobre duas patas, enquanto outros, a exemplo do homem, servem-se delas como mãos e ou pés. De resto, não considero a fala como um caractere distintivo, pois, de acordo com meu método, só admito os caracteres que dependem do número, da figura, da proporção e da posição". Portanto, vosso método é ruim, diz a lógica. "Portanto, o homem é um animal de quatro patas", diz o naturalista.

---

uma cara virada para cima, e instruiu-o / A olhar para o céu e a erguer o rosto ereto para os astros." Trad. Paulo Farmhouse Alberto. Lisboa: Cotovia, 2014.

50

Às vezes, para abalar uma hipótese, não é preciso mais que levá-la ao extremo. Faremos um ensaio nesse sentido tomando a hipótese do dr. de Erlang [Maupertuis], cuja obra, repleta de ideias novas e singulares, é uma verdadeira tortura para nossos filósofos.[42] Seu objeto é o maior de todos que a inteligência humana poderia propor, o sistema universal da natureza. O autor começa expondo rapidamente as opiniões daqueles que o precederam, mostrando que seus princípios são insuficientes ao desenvolvimento dos fenômenos. Uns não exigiram mais que *extensão* e *movimento*. Outros julgaram necessário acrescentar *impenetrabilidade, mobilidade* e *inércia*. A observação dos corpos celestes, ou, de maneira mais geral, a física dos grandes corpos, demonstrou a necessidade de uma força pela qual todas as partes tenderiam ou gravitariam umas em relação às outras segundo uma lei determinada, e admitiu-se a *atração* em razão direta da massa e em razão recíproca do quadrado da distância. As operações mais simples da química, ou física elementar dos corpos pequenos, levaram a que se recorresse a *atrações* que seguissem outras leis; a impossibilidade de explicar a formação de uma planta ou animal a partir de atrações, inércia, mobilidade, impenetrabilidade, movimento, matéria ou extensão levou o sr. Maupertuis a supor a existência de ainda outras propriedades na natureza. Insatisfeito com as *naturezas*

---

42 O *Sistema da natureza* de Maupertuis foi publicado em 1751, em latim, e chegou ao francês pelas mãos do próprio autor, em 1753.

plásticas,⁴³ que executariam todas as maravilhas da natureza sem matéria e sem inteligência, com as *substâncias subalternas inteligentes* que atuam sobre a matéria de maneira ininteligível, com a *simultânea criação e formação das substâncias*, que, contidas umas nas outras, se desenvolveriam com o tempo a partir de um milagre inicial, e, por fim, com a *produção espontânea*, que não passa da reiteração de milagres a cada instante da duração, pensou que esses sistemas pouco filosóficos não teriam outra razão de ser além da crença infundada que atribui modificações bastante conhecidas a um ser cuja essência desconhecemos, e que, precisamente por isso, malgrado nossos preconceitos, é inteiramente compatível com tais modificações. Mas, afinal, que ser é esse? Que modificações são essas? Ousaríamos dizê-lo? Sem dúvida, responde o sr. Maupertuis. Esse ser é o ser corpóreo; essas modificações são o *desejo*, a *aversão*, a *memória* e a *inteligência*, ou, numa palavra, as qualidades que identificamos nos animais, que os antigos chamavam de *alma sensitiva*, e que o sr. Maupertuis admite, guardadas as devidas proporções de forma e de massa, nas menores partículas da matéria como no maior dos animais. Se fosse perigoso, ele acrescenta, conceder às moléculas da matéria algum grau de inteligência, o perigo seria o mesmo em se tratando de um elefante, de um macacão ou de um grão de areia. A essa altura, o filósofo da Academia de Erlang se esforça ao máximo para afastar de si toda suspeita de ateísmo, e é evidente que, se defende sua hipótese com algum ardor, é porque pensa que ela explica os fenômenos mais difíceis sem

---

43 Sobre as teorias elencadas, ver na *Enciclopédia* o verbete de Yvon, "Natureza plástica" (v.12, 1765), incluído no v.6 da edição brasileira.

que o materialismo seja uma consequência. A leitura de sua obra ensina a conciliar as ideias filosóficas mais ousadas com o mais profundo respeito pela religião. Deus criou o mundo, afirma o sr. Maupertuis; incumbe a nós encontrar, na medida do possível, as leis com as quais decidiu conservá-lo e os meios que destinou à reprodução dos indivíduos. Abre-se assim todo um campo para novas ideias; eis as suas principais.

O elemento seminal, extraído de uma parte semelhante à que deve se formar no animal, sente e pensa, e tem assim alguma memória de sua situação inicial: daí a conservação das espécies e a semelhança entre a prole e os progenitores.

Pode acontecer de o fluido seminal ser superabundante ou escasso em alguns elementos, que esses elementos não consigam se reunir entre si por esquecimento ou que se deem uniões bizarras entre elementos supranumerários: daí a impossibilidade da geração ou a gama completa das gerações monstruosas possíveis.

Certos elementos adquirem uma prodigiosa facilidade para se unir constantemente da mesma maneira; se forem diferentes, uma formação de animais microscópicos, que pode variar ao infinito; se forem semelhantes, um pólipo, que pode ser comparado a um cacho de abelhas infinitamente pequenas que, por terem a memória viva de uma única situação, reúnem-se e assim permanecem, nessa condição que lhes parece mais confortável.

Se a impressão da situação presente compensa ou aumenta a memória de uma situação passada, de sorte que há uma indiferença entre essas situações, há uma esterilidade, como a dos mulos.

Nada impede que as partes elementares inteligentes e sensíveis se distanciem infinitamente da ordem que constitui a espécie: daí a infinidade de espécies animais, derivadas de um animal primeiro e de seres derivados de um ser primeiro: Em toda a natureza, um único ato.

Poderiam os elementos, acumulando-se e combinando-se, adquirir, a cada variação, um pequeno grau a mais de sentimento e percepção? De modo algum, diz o sr. Maupertuis. Essas qualidades são essenciais a eles. Mas, então, o que acontece? Isto: dessas percepções de elementos reunidos e combinados resulta uma percepção única, proporcional à massa e à disposição, e esse sistema de percepções em que cada elemento perdeu a memória de *si* concorre para formar a consciência do *todo*, é a alma do animal. "Ao que parece resulta em nós, da reunião de todas as percepções dos elementos, uma percepção única, muito mais forte e mais perfeita que cada uma das percepções elementares, e que talvez esteja para ela assim como o corpo organizado está para cada elemento. Mas como cada elemento perde, em sua mistura e união com os outros, o sentimento particular de *si*, falta-nos toda memória do estado primitivo dos elementos, o que significa que nossa origem nos escapa por completo".[44]

Neste ponto, surpreendemo-nos que o autor não tenha se dado conta das terríveis consequências de sua hipótese, ou, se as percebeu, não a abandonou.[45] Apliquemos nosso método ao exame de seus princípios. Eu pergunto a ele se o universo ou a coleção geral de todas as moléculas sensíveis e pensantes

---

44 Vide o capítulo 52 (p.83), e, nas páginas anteriores e seguintes, as finas e verossímeis aplicações desses mesmos princípios a outros fenômenos (N. A). [Diderot cita o texto em latim, de 1751; traduzimos aqui diretamente a partir da versão francesa de 1753.]

45 As terríveis consequências – o materialismo, e, com ele, o ateísmo – são tacitamente aceitas por Diderot, se não por Maupertuis.

forma ou não um todo. Caso ele me responda que não, com uma única palavra ele abalará a existência de Deus, introduzindo a desordem na natureza e destruindo a base da filosofia ao romper a cadeia que liga todos os seres. Caso ele admita que é um todo em que os elementos estão tão ordenados quanto as partes nos elementos, sejam elas real ou inteligivelmente distintas, e os elementos no animal, ele terá de reconhecer que o mundo, essa cópula universal semelhante a um grande animal, é dotado de uma alma; que ele pode ser infinito; que essa alma do mundo, não direi é, mas pode ser, um sistema infinito de percepções; e que o mundo pode ser Deus.[46] Ele poderá protestar à vontade contra essas consequências, nem por isso elas serão menos verdadeiras, e, por mais que suas sublimes ideias lancem alguma luz sobre as profundezas da natureza, nem por isso elas serão menos assombrosas. Para ver que é assim, basta generalizar. O ato da generalização está para as hipóteses do metafísico como as observações e experimentos reiterados estão para as conjecturas do físico. As conjecturas são justas? Quanto mais experimentos realizarmos, mais verificáveis elas serão. As hipóteses são verdadeiras? Quanto mais extensas as consequências, mais verdades elas abarcarão, e mais evidentes e fortes elas se tornarão. Ao contrário, se as conjecturas e as hipóteses forem frágeis e carentes de fundamento, a descoberta de um fato será uma verdade suficiente para desmenti-las.

---

46 A temível ideia da "alma do mundo" era conhecida por todos na Europa das Luzes graças ao artigo "Spinoza" do *Dicionário crítico de Bayle*. Malgrado o *frisson* que causava, não chegava a ser uma novidade. Como nota Jean Varloot, ela tem precedentes em Platão, *Timeu*, 34, e é criticada por Lucrécio, *Da natureza das coisas*, livro I, v.13 ss., que reduz a alma à pura materialidade.

Da interpretação da natureza

A hipótese do sr. Maupertuis desvenda, se a aceitarmos, o mistério mais incompreensível da natureza: a formação dos animais, ou, em termos gerais, a de todos os corpos organizados. A coleção universal dos fenômenos e a existência de Deus são os anteparos dessa hipótese. Rejeitar, ao contrário, as suas ideias, desconsiderando a obscuridade dos fenômenos que ele quis explicar, a fecundidade de sua hipótese, as consequências surpreendentes que podemos extrair dela, o mérito de novas conjecturas sobre um tópico sobre o qual se debruçaram homens de todos os séculos, e a dificuldade de combater as suas próprias com êxito, é ignorar que elas são o fruto de uma meditação profunda, e a robusta tentativa, da parte de um grande filósofo, de explicar o sistema da natureza.

51

Da impulsão de uma sensação. Se o sr. Maupertuis tivesse mantido o seu sistema nos limites devidos e tivesse aplicado suas ideias apenas à formação dos animais, sem estendê-las à natureza da alma, a partir da qual, como creio ter demonstrado, elas podem ser levadas até a existência de Deus, não teria sido lançado na mais sedutora espécie de materialismo, atribuindo às moléculas orgânicas o desejo, a aversão, o sentimento e o pensamento. Teria feito melhor em se contentar com a suposição de uma sensibilidade mil vezes menor que aquela que o Todo-Poderoso concedeu aos animais mais estúpidos e mais próximos da matéria morta. Essa sensibilidade silenciosa, aliada às diferenças de configuração, daria à molécula orgânica a condição mais confortável possível, pela qual ela, do contrário, teria de buscar incessantemente por meio de uma inquietude automática como aquela dos animais, que mesmo durante o sono, quando o uso de quase todas as faculdades foi suspenso, se agitam até que tenham encontrado a posição mais conveniente ao repouso. Esse princípio teria sido suficiente, sem nenhuma consequência perigosa, para explicar os fenômenos que lhe interessam, e o sem-número de maravilhas que deixam estupefatos os nossos observadores de insetos. Então, ele teria definido o animal em geral como *um sistema de diferentes moléculas orgânicas que, pela impulsão de uma sensação similar a um tato obtuso e silencioso, que lhes foi dada pelo que criou a matéria, combinam-se entre si até que cada uma tenha encontrado o lugar mais conveniente à sua figura e ao seu repouso.*

52

Dos instrumentos e medidas. Como já observamos, os sentidos são a fonte de todo o nosso conhecimento, e, por isso, é muito importante saber até que ponto podemos contar com o seu testemunho. Acrescentemos que o exame dos instrumentos, que são o suplemento de nossos sentidos, é igualmente necessário.[47] Nova aplicação a um experimento: outra fonte de observações demoradas, penosas e difíceis. Existe um meio para abreviar o trabalho: não dar ouvidos a uma sorte de escrúpulo da filosofia racional (pois ela tem os seus escrúpulos) e saber

---

47 A ideia do instrumento como extensão dos sentidos é levada por Buffon à sua consequência lógica no artigo "Cão" (1753), no qual ele vê no faro desse animal o suplemento a uma carência inerente à organização humana. Ver *História natural*, op. cit.

bem, para cada quantidade, a que ponto a precisão das medidas é mesmo necessária. Quanto trabalho, esforço e tempo não se perdem com mensurações, e que poderiam ser bem empregados com descobertas!

53

Há uma circunspecção na invenção e no aperfeiçoamento dos instrumentos que nunca é demais recomendar ao físico: que ele desconfie das analogias, jamais conclua muito a partir do pouco ou pouco a partir do muito, e examine todas as qualidades físicas que emprega. Se for negligente nisso, jamais terá êxito; pois, mesmo que tome todas as precauções, quantas vezes não acontece de um pequeno obstáculo, que ele não havia previsto ou que havia desprezado, intervir como limite da natureza, forçando-o a abandonar sua obra justamente quando acreditava tê-la acabado?

54

Da distinção dos objetos. Tendo em vista que o espírito não pode tudo compreender, a imaginação tudo prever, o sentido tudo observar, e a memória tudo reter, e, além disso, que os grandes homens nascem de tempos em tempos, separados por intervalos consideráveis, sem mencionar que os progressos das ciências são suspensos por revoluções, de modo que séculos de estudo não são suficientes para renovar os conhecimentos, conclui-se que é um desserviço para o gênero humano observar indistintamente. Os homens de talento extraordinário devem ter respeito por si mesmos e pela posteridade, e empregar bem o seu tempo. Que pensará ela de nós, se não transmitirmos a ela nada além de uma insectologia completa e de uma imensa história dos animais microscópicos? Aos grandes gênios, os grandes objetos; os pequenos objetos, aos gênios pequenos — fazem melhor em se ocupar deles do que nada fazer.

55

Dos obstáculos. Mas não é suficiente querer alguma coisa, é preciso, ao mesmo tempo, reconhecer tudo o que é inseparável daquilo que se quer, e quem quiser se dedicar a fundo ao estudo da filosofia terá de considerar não somente os obstáculos físicos incidentes à natureza de seu objeto, mas também a multidão dos obstáculos morais, que se apresentarão a ele como a todos que o precederam. Portanto, sempre que se sinta contrariado, incompreendido, caluniado, restringido, prejudicado, que saiba dizer a si mesmo: "Não é apenas no meu século, não é apenas à minha volta que existem homens completamente ignorantes e mal-intencionados, almas corroídas pela inveja, cabeças perturbadas pela superstição." E, caso lhe ocorra se queixar de seus concidadãos, que diga: "Queixo-me de meus concidadãos, mas, se fosse possível perguntar a cada um quem preferia ser, se o autor das *Nouvelles ecclésiastiques* ou Montesquieu, se o das *Lettres américaines* ou Buffon, quem deles, se tivesse discernimento, hesitaria em escolher?[48] Tenho cer-

---

48 As *Nouvelles ecclésiastiques* eram o jornal dos jansenistas; quanto às *Lettres à un Américain*, foram escritas por um membro dessa ordem, o abade de Lignac, contra Buffon.

teza, por isso, de que um dia obterei os aplausos do que faço, caso minhas pesquisas tenham êxito."

Quanto a vocês, que tomam para si o título de filósofos ou de belos-espíritos, e que não têm vergonha de ser como os insetos importunos que passam os efêmeros instantes de sua existência a perturbar o homem que trabalha ou que descansa: o que querem, afinal? O que esperam obter com toda essa importunação? Quando tiverem desestimulado os autores célebres e os gênios excelentes que ainda restam à nação, o que pretendem, por seu turno, fazer por ela? Que produções maravilhosas compensarão o mal causado ao gênero humano pela privação das que ele teve um dia? Apesar de vocês, nomes como um Duclos, um d'Alembert e um Rousseau, um Voltaire, um Maupertuis e um Montesquieu, um Buffon e um Daubenton, serão uma honra para nós e para a nossa juventude; e, se é que um dia alguém lembrará dos vossos, dirá, "Foram os que perseguiram os maiores homens de seu tempo, e, se temos o *Discurso preliminar da Enciclopédia*, a *História de Luís XIV*, o *Espírito das leis* e a *História da natureza*, é porque, felizmente, não tiveram poder suficiente para destruí-las".

56

Das causas. 1. Ao nos fiarmos apenas pelas vãs conjecturas da filosofia e pela fraca luz de nossa razão, seríamos levados a crer que a cadeia das causas não teve começo e a dos efeitos não terá fim. Suponha uma molécula deslocada: ela não poderia ter se deslocado por si mesma, a causa de seu deslocamento é outra, que, por sua vez, tem outra causa, e assim por diante, sem que possamos encontrar os limites *naturais* dos efeitos na duração que se segue a eles. O espírito, apavorado com os progressos infinitos de causas e efeitos cada vez mais rarefeitos, só recusa essa suposição e outras de mesmo gênero a partir do preconceito de que nada aconteceria para além de nossos sentidos e tudo desapareceria ali, onde deixamos de ver. Mas uma das principais diferenças entre o observador da natureza e o seu intérprete é que este parte do ponto em que os sentidos e instrumentos abandonam o outro, conjectura, a partir do que é, aquilo que ainda deve ser, extrai, da ordem das coisas, conclusões abstratas e gerais que têm para ele a mesma evidência das verdades sensíveis e particulares, eleva-se até a própria essência da ordem, vê que a coexistência *pura e simples* de um ser sensível e pensante com um encadeamento de causas e efeitos não é suficiente para que emita um juízo absoluto, e detém-se aí, pois, se desse um passo a mais, sairia da natureza.

Das causas finais. 2. Quem somos nós para explicar os fins da natureza? Quem não vê que quase sempre preconizamos a sua sabedoria em detrimento de sua potência, e que as visões que atribuímos a ela jamais poderiam compensar os recursos de que a privamos? É uma interpretação ruim, mesmo em teologia natural. Substitui-se a obra de Deus pela conjectura do homem, e a verdade mais importante depende agora de uma espécie de hipótese. O mais comum dos fenômenos mostra, entretanto, a que ponto a pesquisa dessas causas é contrária à verdadeira ciência. Suponho que um físico, interrogado sobre a natureza do leite, responderia que esse alimento começa a ser preparado no interior da fêmea quando ela fica grávida, e que a natureza o destina à nutrição do animal que está por nascer. Mas o que essa definição me ensina sobre a natureza do leite? Não importa o que eu pense a respeito da pretensa destinação desse líquido, e outras ideias fisiológicas concomitantes, eu sei, por outro lado, que há homens de cujas mamas jorrou leite, mas que a anastomose das artérias epigástricas e mamárias demonstra que não existe macho que tenha concebido, ficado grávido ou dado à luz,[49] ou cujas tetas tenham inchado a ponto de o leite ter de ser extraído pelos meios aplicados às das fêmeas. Não é ridículo quando ouvimos os anatomistas atribuírem, com toda a seriedade, ao pudor da natureza uma sombra que ela lançou sobre partes de nosso corpo em que não há nada de desonesto a esconder? O uso suposto por outros anatomistas é menos honroso para o pudor da natureza, mas nem por isso mais lisonjeiro à sua sagacidade. O físico, cuja tarefa é instruir e não edificar, abandona o *porquê* para ocupar-se do *como*. O *como* é extraído dos seres, o *porquê*, de nosso entendimento, diz respeito a nossos sistemas e depende dos progressos de nossos conhecimentos. Quantas ideias absurdas, suposições falsas e noções quiméricas não se encontram nesses hinos que os temerários defensores das causas finais compõem para louvar o Criador? Em vez de compartilhar dos transportes de admiração do profeta e de exclamar à noite, diante das inúmeras estrelas que iluminam os céus, *Coeli enarrant gloriam Dei*,[50] entregam-se à superstição de suas conjecturas. Em vez de adorar o Todo-Poderoso nos seres da natureza, prostram-se diante dos fantasmas de sua imaginação. Caso alguém, motivado pelo preconceito, duvide de minha hipótese, convido-o a comparar o tratado de

---

49 Essa descoberta anatômica, uma das mais belas de nossos dias, foi realizada pelo sr. Bertin (N. A.). [*Lettres sur le nouveau système de la voix et sur les artères lymphatiques*, 1748].
50 "Os céus testemunham a glória de Deus" (Salmos 18).

Galeno sobre o uso das partes do corpo humano com a fisiologia de Boerhaave e esta com a de Haller, assim como convido a posteridade a comparar as visões sistemáticas e passageiras contidas nesta última obra com o que a fisiologia terá se tornado nos próximos séculos. O homem vê o mérito do Eterno a partir de suas estreitas visões; e o Eterno, ouvindo-o do alto de seu trono, ciente das intenções dessa criatura, aceita suas tolas louvações e sorri diante de sua vaidade.

57

De alguns preconceitos. Não há nada nos fatos da natureza ou nas circunstâncias da vida que não seja um convite à nossa precipitação. É o que atesta a maioria dos axiomas gerais considerados como do bom senso de todas as nações. Diz-se, por exemplo, que "não há nada de novo sob o céu",[51] o que é verdade, ao menos para quem se detém nas aparências mais óbvias. Mas o que essa sentença tem a dizer para o filósofo, que diariamente se ocupa em apreender as diferenças mais insensíveis? O que pensaria disso alguém que pode nos garantir que não se encontram, numa mesma árvore, duas folhas que tenham *exatamente* o mesmo verde? Ou alguém que, refletindo sobre o grande número de causas, mesmo as conhecidas, que concorrem para a produção de uma nuance dessa cor, é levado a crer, sem esquecer a opinião de Leibniz, que está demonstrado, a partir da diferença entre os pontos no espaço em que os corpos se encontram, combinado ao prodigioso número das causas, que talvez jamais tenha havido na natureza dois ramos

---

51 Eclesiastes 1,9.

de relva que tenham *absolutamente* o mesmo verde? Se os seres se alteram em sucessão, passando pelas nuances mais imperceptíveis, o tempo, que jamais se detém, introduz, a longo prazo, uma enorme diferença entre as formas de existência antiquíssimas, as que existem atualmente e as que existirão nos séculos mais afastados de nós. Portanto, o *nil sub solem novum* não passa de um preconceito fundado na fraqueza de nossos órgãos, na imperfeição de nossos instrumentos e na brevidade de nossa vida. Costuma-se dizer em moral, *quoi capita, tot sensus*,[52] mas o contrário é verdade: nada mais comum do que cabeças, nada mais raro do que opiniões. Costuma-se dizer em literatura que *gosto não se discute*, o que não passa de uma puerilidade, se se entende por isso que não se deve contestar o gosto de ninguém. Mas, se se entende que não existe bom gosto ou mau gosto, trata-se de uma falsidade. Compete à filosofia examinar com severidade todos os axiomas da sabedoria popular.

58

Questões

Só há uma maneira de ser homogêneo. Há uma infinidade de diferentes maneiras de ser heterogêneo. Parece-me tão perfeitamente impossível que todos os seres da natureza tenham sido produzidos a partir de uma matéria perfeitamente homogênea quanto seria representá-los com uma só cor. Acredito entrever que a diversidade dos fenômenos só pode ser o resultado de uma heterogeneidade qualquer. Chamarei, portanto, de *elemen-*

---

[52] "A cada cabeça, uma opinião."

tos as diferentes matérias heterogêneas necessárias à produção geral dos fenômenos da natureza, e chamarei de *natureza* o resultado atual ou os resultados gerais sucessivos da combinação dos elementos. Deve haver diferenças essenciais entre os elementos, sem o quê tudo teria nascido da homogeneidade, pois tudo retornaria a ela. Existiu, existe e existirá uma combinação natural ou uma combinação artificial em que um elemento foi, é ou será levado à maior divisão de que é passível. Nesse estado último da divisão, a molécula de um elemento é indivisível em termos absolutos, e uma divisão ulterior é algo meramente inteligível, pois escapa às leis da natureza e às forças da arte. Como, ao que tudo indica, o estado último de divisão possível pela natureza ou pela arte não é o mesmo em cada uma dessas matérias essencialmente heterogêneas, há moléculas cuja massa é essencialmente diferente daquela das outras e é, em si mesma, absolutamente indivisível. Quantas seriam as matérias absolutamente heterogêneas ou elementares? Ignoramos. Até onde chega a divisão de uma matéria elementar, seja nas produções da arte, seja nas obras da natureza? Ignoramos. E assim por diante. Se reúno as combinações da arte e as da natureza é porque, em meio a uma infinidade de fatos que ignoramos e que jamais saberemos, um em especial se furta a nós: saber se a divisão de uma matéria elementar que não foi, não é e não pode ser levada para além das operações da arte poderia sê-lo pelas operações da natureza, deixadas a si mesmas. A primeira das questões que se segue mostrará por que incluí em algumas de minhas proposições as noções do passado, do presente e do futuro, e por que incluí a ideia de sucessão na definição que dei de natureza.

Da interpretação da natureza

1. Se os fenômenos não estiverem encadeados uns aos outros, não pode haver filosofia. Para que todos os fenômenos estejam encadeados, nenhum deles pode permanecer no mesmo estado. Mas se os seres estão em estado de vicissitude perpétua e a natureza continua a trabalhar, então, malgrado a cadeia que liga os fenômenos, tampouco pode haver filosofia. Nossa ciência natural é tão transitória quanto as palavras. O que tomamos pela história da natureza é a história muito incompleta de um instante. Eu me pergunto se os metais foram e continuarão a ser como são; se os vegetais foram e continuarão a ser como são; se os animais foram e continuarão a ser como são; e assim por diante. Quem tenha meditado profundamente sobre certos fenômenos poderá perdoar aos céticos que eles duvidem, não de que o mundo foi criado, mas de que tenha sido e continue a ser sempre o mesmo.

2. Assim como nos reinos animal e vegetal, os indivíduos surgem, crescem, perduram, perecem e passam, não aconteceria o mesmo a espécies inteiras? Se a fé não nos ensinasse que os animais saíram das mãos do Criador tais como os vemos, e fosse permitido um mínimo de incerteza sobre o seu início e o seu fim, a filosofia, deixada às suas conjecturas, poderia suspeitar que a animalidade teria desde a eternidade elementos que lhe são peculiares, dispersos e misturados à massa da matéria; que aconteceu de esses elementos se reunirem, pois era possível que o fizessem; que o embrião formado a partir deles passasse por uma infinidade de organizações e desenvolvimentos e adquirisse, sucessivamente, movimento, sensação, ideias, pensamento, reflexão, consciência, sentimentos, paixões, signos, gestos, sons, sons articulados, uma língua, leis, ciências e artes; que essas etapas fossem separadas por milhões de anos; que talvez existam ainda

outros desenvolvimentos e acréscimos desconhecidos; que houve ou haverá, em algum momento, um estado estacionário; que esse ser deixa ou deixará esse estado por uma espécie de perecimento eterno, durante o qual perderá suas faculdades tal como as adquiriu; que ele desaparecerá por completo da natureza, ou melhor, continuará a existir, mas sob uma forma e com faculdades diferentes daquelas que se observam no presente instante de sua duração. A religião nos poupa de muitas cogitações e divagações. Não fosse ela a nos esclarecer sobre a origem do mundo e o sistema universal dos seres, quantas hipóteses, as mais diversas, não seríamos tentados a tomar pelo segredo da natureza? O que é pior, por serem todas igualmente falsas, pareceriam todas igualmente verossímeis. A questão *Por que alguma coisa existe?* é a mais embaraçosa que a filosofia poderia propor a si mesma, e somente a Revelação pode respondê-la.

3. Quando lançamos os olhos sobre os animais e a terra bruta que eles remexem com suas patas, sobre as moléculas orgânicas e o fluido em que elas se movem, sobre os insetos microscópicos e a matéria que os produz e que os cerca, é evidente que a matéria em geral se divide em matéria morta e matéria viva. Mas como pode ser que a matéria não seja uma, ou inteira viva ou inteira morta? A matéria viva é sempre viva? E a matéria morta é realmente sempre morta? A matéria viva nunca morre? A matéria morta nunca ganha vida?

4. Haveria alguma outra diferença entre a matéria morta e a viva, além da organização e da espontaneidade do movimento, real ou aparente?

5. O que se chama de matéria viva não seria apenas uma matéria que se move por si mesma? E o que se chama de matéria morta, uma matéria movida por outra?

6. Se a matéria viva é uma matéria que se move por si mesma, poderia ela deixar de se mover sem com isso morrer?

7. Se há uma matéria viva e uma matéria morta por si mesmas, seriam esses dois princípios suficientes para a produção geral de todas as formas e de todos os fenômenos?

8. Na geometria, uma quantidade real unida a uma quantidade imaginária resulta num todo imaginário: na natureza, uma molécula de matéria viva, aplicada a uma molécula de matéria morta, produz um todo vivo ou um todo morto?

9. Se o agregado pode ser ou vivo ou morto, quando e por que será vivo? Quando e por que será morto?

10. Morto ou vivo, ele existe sob uma forma. Como quer que ela seja, qual é o seu princípio?

11. Os moldes são princípios de formas? O que é um molde? É um ser real preexistente? Ou não é mais que o limite inteligível da energia de uma molécula viva unida à matéria de uma molécula viva ou morta, limite determinado pela relação entre a energia em todas as direções, e a resistência em todas as direções? Se é um ser real e preexistente, como ele é formado?

12. A energia de uma molécula viva varia por si mesma? Ou só varia em razão da quantidade, da qualidade e das formas da matéria morta ou viva a que ela se reúne?

13. Existem matérias vivas especificamente diferentes de outras matérias vivas? Ou toda matéria viva é essencialmente uma e apropriada a tudo? Faço a mesma questão sobre as matérias mortas.

14. A matéria viva se combina com a matéria viva? Como é feita essa combinação? Qual o seu resultado? Pergunto o mesmo sobre a matéria morta.

Pensamentos sobre a interpretação da natureza

15. Supondo que toda matéria seja viva ou que toda matéria seja morta, haveria outra coisa além de matéria morta ou de matéria viva? As moléculas vivas não poderiam recuperar a vida, após tê-la perdido, para perdê-la novamente? E assim por diante, ao infinito?

Quando lanço meu olhar sobre os trabalhos dos homens e vejo cidades erguidas por toda parte, a utilização dos mais variados materiais, as línguas estabelecidas, os povos policiados, portos construídos, os mares atravessados, a Terra e os céus mensurados, o mundo parece-me muito velho.

Quando constato a incerteza dos homens sobre a medicina e a agricultura, as propriedades das substâncias mais comuns, o conhecimento das doenças que mais os afligem, o talhe das árvores, a forma do arado, parece-me que a Terra foi povoada ontem. Se os homens fossem sábios, eles se dedicariam, de uma vez por todas, a pesquisas relativas ao seu bem-estar, e apenas mil anos mais tarde responderiam às minhas fúteis questões. Ou pode ser que, considerando a ínfima extensão que ocupam no espaço e no tempo, preferissem deixá-las sem resposta.

FIM

Observação avulsa sobre o capítulo 36, parágrafo 3

Eu lhe disse, meu caro jovem, que "qualidades como a atração se propagam ao infinito quando nada limita a sua ação". Alguém poderia objetar que "eu também poderia dizer que elas *se propagam uniformemente*. Acrescente-se, ainda, que não se concebe como uma qualidade poderia se exercer *à distância*, sem intermédio algum; e que um absurdo ainda maior é dizer que ela se exerce no vácuo variando conforme as distâncias; que, então, nada se percebe, dentro ou fora da porção de matéria, que seja capaz de variar a sua ação; que Descartes, Newton e todos os filósofos antigos ou modernos supuseram que um corpo animado no vácuo pela menor quantidade de movimento iria ao infinito, uniformemente, em linha reta, e que, portanto, a distância não é por si mesma nem um obstáculo nem um veículo; que toda qualidade cuja ação varia segundo a razão inversa ou direta da distância leva necessariamente ao pleno e à filosofia corpuscular; e que a suposição do vácuo é contraditória com a da variância da ação de uma causa". Caso essas dificuldades lhe sejam postas, recomendo que busque pela resposta a elas junto a algum newtoniano, pois reconheço que sou incapaz de resolvê-las.

Anexos

Marquesa de Châtelet

Instituições de física (1741)

Das hipóteses[1]
(cap. 4)

§53. As verdadeiras causas dos efeitos naturais e dos fenômenos que observamos estão com frequência tão afastadas dos princípios sobre os quais podemos nos apoiar e das experiências que podemos realizar que, para explicá-los, temos de nos contentar com razões prováveis. Logo, as probabilidades não devem ser rejeitadas nas ciências, pois não apenas são sempre muito úteis à sua prática, como também abrem o caminho que leva à verdade.

§54. Toda pesquisa tem um começo, mas este é quase sempre uma tentativa muito imperfeita e com frequência malograda. Há verdades desconhecidas que são como países, para os quais só se descobre um bom caminho após terem sido tentados todos os outros. Assim, é preciso que alguns corram o risco de se perder, mostrando aos outros o caminho correto.

---

1 Tradução de Maria das Graças de Souza.

Da interpretação da natureza

Banir as hipóteses, como o fazem alguns filósofos, seria fazer um grande mal para as ciências e retardar infinitamente o seu progresso.

§55. Descartes estabeleceu boa parte de sua filosofia sobre hipóteses a seu tempo, e não poderia ter feito de outro modo, mas disseminou assim, entre os doutos, um gosto pelas hipóteses. Não tardou para que estes caíssem no mundo das ficções. Com isso, os livros de filosofia, que deveriam ser coleções de verdades, foram recheados com fábulas e devaneios.

O sr. Newton e, principalmente, os seus discípulos, incorreram no excesso contrário. Desgostosos com as suposições e erros que encontraram nos livros de filosofia, ergueram-se contra as hipóteses e tentaram torná-las suspeitas e ridículas, chamando-as de *veneno da razão* e *pestilência da filosofia*. Mas apenas quem estivesse em condições de assinalar e demonstrar as causas de tudo o que vemos teria o direito de banir inteiramente da física o uso das hipóteses. De nossa parte, parece-nos que não fomos feitos para tais conhecimentos e, frequentemente, só alcançamos a verdade nos arrastando de verossimilhança em verossimilhança. Não nos cabe, por isso, declararmo-nos, de maneira tão resoluta, contra as hipóteses.

§56. Fazemos uma hipótese quando tomamos determinadas coisas, cuja verdade não temos condição de demonstrar, para com elas oferecer a razão de algo que observamos. Assim, os filósofos estabeleceram hipóteses para explicar fenômenos cuja causa não temos condições de descobrir pela experiência nem pela demonstração.

§57. Um exame superficial da maneira pela qual as mais sublimes descobertas foram realizadas é suficiente para mostrar que só se chegou a elas após muitas hipóteses inúteis, sem aban-

Instituições de física (1741)

donar esse trabalho demorado e frustrante. É que as hipóteses são, com frequência, o único meio de descobrir novas verdades que se encontram ao nosso alcance. É verdade que são um meio lento e exigem um trabalho penoso, durante o qual não sabemos se será útil ou infrutífero, do mesmo modo que, quando se toma uma direção desconhecida e encontramos vários caminhos, apenas depois de ter andado durante muito tempo é que podemos ter certeza de que estamos no bom caminho ou se nos perdemos. Mas se a incerteza sobre qual caminho é o bom fosse uma razão para não tomar nenhum, nunca chegaríamos a lugar nenhum. É preciso coragem para caminhar, pois, de três caminhos que se oferecem a nós, sem dúvida um há de nos conduzir infalivelmente ao nosso objetivo.

Foi assim que a astronomia, que tanto admiramos, chegou ao ponto em que a encontramos hoje. Mas se, para calcular o curso dos astros, tivesse esperado pela teoria verdadeira dos planetas, simplesmente ela não existiria.

A primeira ideia dos que se aplicaram a essa ciência não era diferente daquela do resto dos homens, que pensavam que o Sol e todos os astros giravam ao redor da Terra em um período de 24 horas. Essa hipótese, chamada de *Hipótese de Ptolomeu*, permitiu prever os fenômenos, até que dificuldades insuperáveis, impostas a ela pela observação, impediram que se construíssem tábuas que concordassem com os fenômenos do céu. Isso levou Copérnico a abandoná-la inteiramente e a concentrar-se na hipótese contrária, que concorda melhor com os fenômenos e que se aproxima a tal ponto de ser demonstrada como certa que, atualmente, nenhum astrônomo ousaria adotar aquela de Ptolomeu.

§ 58. As hipóteses têm, portanto, um lugar na ciência, já que nos permitem realizar descobertas próprias e nos oferecem novas visões. Uma vez proposta uma hipótese, realizam-se experiências para verificar se ela é boa e se nos adverte de algo que, de outro modo, não teríamos notado. Se as experiências a confirmam, e ela não somente permite explicar o fenômeno em questão, mas também se as consequências que dela são extraídas concordam com as observações, a probabilidade cresce a tal ponto que não podemos recusar nosso assentimento a ela, que equivale agora a uma demonstração.

O exemplo dos astrônomos pode, ainda, servir para esclarecer essa matéria, pois eles chegaram a determinar as verdadeiras órbitas dos planetas a partir da suposição inicial de que o Sol ocuparia o centro. Mas as variações na velocidade de suas órbitas e nos seus diâmetros aparentes contradiziam essa hipótese. Supôs-se, então, que eles se moveriam em círculos excêntricos, ou seja, em círculos nos quais o Sol não ocupava o centro. Esta suposição, que satisfazia aos movimentos da Terra, afastava-se muito do que se observa no planeta Marte. Para remediar esse problema, realizou-se uma nova correção na curva que os planetas descrevem em sua revolução anual. Essa maneira de proceder foi tão exitosa que Kepler, indo de suposição em suposição, descobriu sua verdadeira órbita, que satisfaz admiravelmente a todas as aparências; essa órbita é uma elipse, na qual o Sol ocupa um dos focos.

Por meio dessa hipótese da forma elíptica das órbitas, Kepler pôde descobrir a proporcionalidade entre áreas e tempos, e entre tempos e distâncias. Os dois famosos teoremas que chamamos de *Analogias de Kepler* permitiram a Newton demonstrar que a suposição da elipse dos planetas concorda com as leis da mecânica, e assinalar a proporção das forças que dirigem os movimentos dos corpos celestes.

Instituições de física (1741)

É evidente, portanto, que às hipóteses feitas e corrigidas sucessivamente devemos os mais belos e sublimes conhecimentos da astronomia e das ciências que dependem dela. Não se vê como teria sido possível aos homens chegar a esse ponto por outro meio.

Pelo mesmo meio sabemos que Saturno é rodeado por um anel que reflete a luz, e é separado do corpo do planeta e inclinado à elíptica. Mas o sr. Huyghens, que foi o primeiro a descobri-lo, não observou esse fenômeno tal como os astrônomos o descrevem atualmente, mas percebeu várias fases que, por vezes, se pareciam com um anel. Comparando as mudanças sucessivas dessas fases com todas as observações que havia feito, buscou por uma hipótese que explicasse essas diferentes aparências. A hipótese de um anel foi tão bem-sucedida, que, por seu intermédio, não somente as aparências foram explicadas, mas se pôde prever com precisão as fases desse anel.

Esse acordo entre hipótese e observação converteu enfim a suposição do sr. Huyghens em certeza, e atualmente não há dúvida quanto à realidade desse anel. Às hipóteses devemos essa bela descoberta do anel de Saturno.

Pode-se dizer o mesmo da engenhosa explicação dada pelo mesmo sr. Huyghens a respeito dos halos, espécies de coroas coloridas que, por vezes, aparecem em torno dos astros. Antes dele, ninguém havia imaginado qual poderia ser a causa desses fenômenos. Mas o sr. Huyghens, após diversas suposições inúteis, descobriu, enfim, que, supondo grãos de granizo congelados com um núcleo de neve no meio, podia-se explicar todas as circunstâncias que acompanham esses fenômenos, explicação que até aqui ninguém ousou questionar.

Da interpretação da natureza

§59. O mesmo acontece com os números. A divisão, por exemplo, é fundada unicamente em hipóteses: sem hipóteses, é impossível dividir. Pois, quando começa a divisão, supõe-se que o divisor está contido no dividendo tantas vezes quanto o primeiro algarismo, ou seja, nos dois primeiros algarismos do dividendo. Verifica-se, então, essa suposição, multiplicando o divisor pelo quociente e subtraindo do dividendo o produto dessa multiplicação. Se se descobre que essa subtração não pode ser feita, conclui-se que se havia posto demais no quociente e então se corrige essa estimativa. Assim, toda a operação se faz por meio de hipóteses.

§60. Portanto, é permitido, e mesmo muito útil, fazer hipóteses sempre que não podemos descobrir a verdadeira razão de um fenômeno e as circunstâncias que o acompanham, seja *a priori*, por meio de verdades que já conhecemos, ou *a posteriori*, com o auxílio de experimentos.

§61. Sem dúvida, há regras a serem seguidas e perigos a serem evitados no uso de uma hipótese. A primeira regra é que ela não esteja de modo algum em contradição com o princípio da razão suficiente nem com algum outro princípio dentre os que servem de fundamento aos nossos conhecimentos. A segunda é assegurar-se dos fatos que estão ao nosso alcance e conhecer todas as circunstâncias que acompanham o fenômeno que queremos explicar. Esse cuidado deve preceder a toda hipótese inventada para explicá-lo. Pois quem se atrevesse a fazer uma hipótese sem essa precaução correria o risco de ver sua explicação ser destruída por novos fatos cuja informação havia sido negligenciada. É o que aconteceria, por exemplo, a alguém que quisesse explicar a eletricidade depois de ter visto que a cera da Espanha, friccionada com força, atrai retalhos

Instituições de física (1741)

de papel, mas não estendesse o mesmo experimento a outros corpos, como seria fácil fazer. Friccionando-os do mesmo jeito, ele veria que também eles seriam eletrificados. E, assim, a explicação da eletricidade da cera da Espanha, restrita a esse corpo, teria sido insuficiente e precipitada.

Quando, ao contrário, podemos nos assegurar de ter o conhecimento do maior número de circunstâncias que acompanham um fenômeno, então poderemos buscar a sua razão por meio de hipóteses, ao custo, sem dúvida, de nos corrigirmos e de fazê-lo com frequência. Mas os esforços para encontrar a verdade são sempre gloriosos, mesmo que não tenham frutos.

§62. Como as hipóteses são feitas somente para descobrir a verdade, não se deve fazê-las passar pela própria verdade antes que se possam dar provas incontestáveis. Logo, é muito importante para o progresso das ciências não iludir a si mesmo nem aos outros com hipóteses inventadas, e deve-se sempre estimar o grau de probabilidade que se atingiu, sem jamais impô-las com subterfúgios e ares de demonstração, que com tanta frequência enganam as pessoas ansiosas por se instruir.

Com essa precaução, evita-se o risco de se tomar por certo o que não o é, e estimula-se aos outros, que nos acompanham, para que corrijam defeitos que encontrem em nossas hipóteses e ofereçam o que falta para que se tornem corretas.

§63. A maioria daqueles que, desde Descartes, encheram seus escritos de hipóteses para explicar os fatos, e que, com frequência, tinham conhecimentos muito imperfeitos, pecaram contra essa regra e quiseram fazer passar por verdadeiras as suas suposições. Tal é, em parte, a fonte do desgosto pelas hipóteses neste século. Mas o abuso de uma coisa não a priva de sua utilidade e não deve nos impedir de fazer uso dela, se disso puderem ser extraídos bons frutos.

§64. Uma única experiência não é suficiente para que uma hipótese seja admitida, mas basta para rejeitá-la quando lhe é contrária. Por exemplo, da hipótese que supõe que o Sol se move em torno da Terra, que lhe serve de centro, segue-se que os diâmetros do Sol devem ser iguais em todas as épocas do ano, mas a experiência mostra que eles parecem desiguais. Pode-se, pois, concluir dessa observação, com segurança, que a hipótese que tem como consequência essa igualdade é falsa e que a Terra não ocupa o centro da órbita do Sol.

§65. Uma hipótese pode ser verdadeira em uma parte e falsa em outra; então, a parte que está em contradição com a experiência deve ser corrigida.

É preciso, no entanto, prestar muita atenção para não introduzir na conclusão mais do que ela admite, e não atribuir à hipótese como um todo um defeito que recai apenas sobre uma de suas partes. Por exemplo, Descartes atribuiu a queda dos corpos em direção ao centro da Terra a um turbilhão de matéria fluida que os empurra para esse centro por meio de seu rápido rodopio em torno da Terra. Mas o sr. Huyghens mostrou, por meio de um experimento incontestável, que, nessa suposição, os corpos em queda perpendicular deveriam se dirigir ao eixo da Terra e não ao seu centro. Pode-se concluir que um turbilhão de matéria fluida, tal como concebido pelo sr. Descartes, não poderia produzir a queda dos corpos para o centro da Terra. Mas nos precipitaríamos se quiséssemos concluir que nenhuma matéria fluida opera no fenômeno da queda dos corpos. O mesmo ocorre com outros turbilhões, que, segundo Descartes, carregam os planetas em torno do Sol. O sr. Newton mostrou que essa suposição não está de acordo com as leis de Kepler. Deve-se, pois, inferir que os movimentos dos planetas não são efeito dos turbilhões de matéria fluida que Descartes supusera para explicá-los, mas não que nenhum turbilhão, ou vários deles, concebidos de outra maneira, não possam ser a causa desses movimentos.

§66. Assim, quando se formula uma hipótese, deve-se deduzir dela todas as consequências que podem ser legitimamente deduzidas e compará-las com a experiência. E caso todas as consequências sejam confirmadas pela experiência, a probabilidade adquire seu mais alto grau. Mas se houver apenas uma à qual elas sejam contrárias, deve-se rejeitar a hipótese inteira, se essa consequência se seguir da hipótese inteira ou dessa parte da hipótese da qual ela é um resultado necessário.

Os astrônomos nos dão mais um exemplo dessa regra. Uma infinidade de descobertas não teriam sido realizadas na astronomia se não se tivesse buscado verificar pela experiência as consequências que são tiradas das hipóteses. Por exemplo, da hipótese de Copérnico segue-se que, se a distância de uma estrela à Terra é de uma razão comparável ao diâmetro de sua órbita, a altura do polo e das estrelas fixas deve variar nas diferentes estações do ano. O desejo de verificar essa consequência levou muitos astrônomos a fazer observações sobre essa paralaxe anual ou altura das fixas; dentre outros, o sr. Bradley, nas mãos do qual essa consequência não somente se confirmou, mas levou, ainda, à bela teoria da aberração das fixas, que nunca imaginaríamos antes.

§67. As hipóteses são, portanto, somente proposições prováveis que possuem um maior ou menor grau de certeza, segundo a satisfação de um número maior ou menor de circunstâncias que acompanham o fenômeno que se quer explicar por seu intermédio. E como um alto grau de probabilidade provoca nosso assentimento, e tem sobre nós o mesmo efeito da certeza, as hipóteses, enfim, tornam-se verdades quando sua probabilidade aumenta a tal ponto que se pode moralmente fazê-las passar por uma certeza: é isto que aconteceu com o sistema do mundo de Copérnico e o do sr. Huyghens a respeito do anel de Saturno. Ao contrário, uma hipótese torna-se improvável à proporção em que haja circunstâncias que ela não explica, como na hipótese de Ptolomeu.

§68. Quando se formula uma hipótese, deve-se ter razões para preferir a suposição sobre a qual ela é fundada a qualquer outra suposição, pois sem isso produzimos quimeras e princípios precários sem nenhum fundamento.

§69. É, pois, necessário não somente que tudo o que se supõe seja possível, mas também que seja possível da maneira que o empregamos, e que os fenômenos decorram necessariamente dessa suposição sem que sejamos obrigados a fazer novas. Sem isso, a suposição não merece o nome de hipótese, pois uma hipótese é uma suposição que explica um fenômeno. Ora, quando ela não dá a razão do fenômeno por meio de consequências necessárias e somos obrigados a fazer novas para usar a primeira, isto não é senão uma ficção indigna de um filósofo.

§71. Ao distinguir entre o bom e o mau uso das hipóteses, evitamos os dois extremos e, sem nos entregarmos a ficções, não excluímos das ciências um método muito necessário à arte de inventar e que é o único que se pode empregar nas pesquisas difíceis que demandam a correção de vários séculos e os tra-

balhos de vários homens, antes de atingir uma certa perfeição.
E não se deve temer que, por esse método, a filosofia se torne um amontoado de fábulas, pois já se viu que não se pode ter uma boa hipótese senão quando se tem muitos fatos e circunstâncias que acompanham o fenômeno que se quer explicar (§61), e que a filosofia só é verdadeira e só merece ser adotada quando explica todas as circunstâncias (§66). As boas hipóteses serão, portanto, sempre obra dos maiores homens. Copérnico, Kepler, Huyghens, Descartes, Leibniz e até mesmo Newton imaginaram hipóteses úteis para explicar os fenômenos complicados e difíceis, e os exemplos desses grandes homens e seu sucesso devem nos mostrar o quanto os que querem banir as hipóteses da filosofia entendem mal os interesses das ciências.

Étienne Bonnot de Condillac

Tratado dos sistemas (1752)

Das hipóteses[1]
(cap. 12)

Os filósofos se dividem quanto ao uso de hipóteses. Alguns, animados com o êxito delas na astronomia ou talvez estimulados pela ousadia de algumas hipóteses da física, consideram-nas como verdadeiros princípios, enquanto outros, que as veem como abusos, gostariam de bani-las das ciências.

Princípios abstratos, mesmo que verdadeiros e bem determinados, não são, propriamente dizendo, princípios, pois não são conhecimentos primeiros. Pela própria denominação de abstratos, percebe-se que são conhecimentos que pressupõem outros.

Esses princípios sequer são um meio apropriado para nos conduzir a descobertas. Pois, como são uma expressão abreviada dos conhecimentos que adquirimos, jamais poderiam nos levar a esses conhecimentos enquanto tais. Numa palavra, são

---

1 Tradução de Pedro Paulo Pimenta.

Da interpretação da natureza

máximas, que contêm apenas o que sabemos. Assim como o povo tem os seus provérbios, esses princípios são os provérbios dos filósofos, e nada mais.

Portanto, na busca pela verdade, os princípios abstratos são viciosos, ou ao menos inúteis; e, se servem como máximas ou provérbios, é porque são a expressão abreviada do que sabemos a partir da experiência.

Ao contrário, as hipóteses ou suposições – substituímos essas palavras indiferentemente uma pela outra – são, na busca pela verdade, não apenas meios ou suspeitas, mas também, eventualmente, princípios, ou seja, verdades primeiras que explicam outras.

São meios ou suspeitas, pois a observação começa sempre pelo tatear; mas são princípios ou verdades primeiras quando confirmadas por novas observações que não deixam dúvida a seu respeito.

Para se assegurar da verdade de uma suposição é preciso duas coisas, ter esgotado todas as suposições possíveis em relação a uma questão e dispor de um meio que confirme a nossa escolha ou que nos permita reconhecer o nosso erro.

Quando essas duas condições estiverem reunidas, não haverá dúvida de que o uso das suposições é útil e mesmo absolutamente necessário. A aritmética prova que é assim, a partir de exemplos que estão ao alcance de todos e que, por essa razão, devem ser preferidos em relação aos que poderiam ser encontrados em outras partes da matemática. Em primeiro lugar, a solução dos problemas na aritmética permite esgotar todas as suposições, pois o seu número é sempre pequeno. Em segundo lugar, temos meios para descobrir se uma suposição é verdadeira ou falsa, ou mesmo para chegar, a partir de uma suposição falsa, à descoberta do número pelo qual buscávamos. É a chamada regra da falsa posição.

Se nos conduzimos com tanta segurança nas operações da aritmética, é porque temos ideias exatas dos números, o que nos permite remontar até as unidades simples que são os seus elementos, acompanhando, assim, a geração de cada número em particular. Não admira que esse conhecimento nos forneça os meios com os quais realizar toda sorte de composição e decomposição, assegurando-nos, assim, da exatidão das suposições que somos obrigados a realizar.

Uma ciência na qual recorremos a suposições, sem medo de errar ou ao menos com a certeza de reconhecer os erros, deve ser o modelo de todas aquelas em que se queira empregar esse método. Seria desejável, assim, que em todas as ciências fosse possível, como na aritmética, esgotar todas as suposições, e que houvesse regras que assegurassem qual dentre elas é a melhor.

Ora, para ter essas regras, seria preciso que as outras ciências fornecessem ideias tão nítidas e tão completas que permitissem, por meio da análise, remontar até os primeiros elementos das coisas de que elas tratam e acompanhar a geração de cada uma delas. Elas estão longe de reunir essas vantagens; mas, à medida que as proporcionassem, o uso das hipóteses poderia aumentar.

Em nenhuma outra ciência, exceto pela matemática pura, as hipóteses funcionam tão bem como na astronomia. Em uma longa sequência de observações, observaram-se os períodos em que as revoluções se repetem, e supôs-se, para cada planeta, um movimento e uma direção que explicam perfeitamente as aparências em que eles se encontram uns em relação aos outros.

As ideias desse movimento e dessa direção são tão exatas quanto poderia sê-lo uma hipótese, e vemos, a partir delas, os fenômenos nascerem com uma evidência tal que poderíamos prevê-los com máxima precisão.

Nesse caso, as observações indicam todas as suposições que poderiam ser feitas, e a observação dos fenômenos confirma as que foram escolhidas. Portanto, a hipótese nada deixa a desejar.

Mas se, não contentes em dar a razão das aparências, quisermos determinar a direção e o movimento absolutos de cada planeta, então nossas hipóteses só poderiam ser defeituosas.

Só podemos julgar sobre o movimento absoluto de um corpo na medida em que o vemos seguir uma direção que o aproxima ou o afasta de um ponto imóvel. Ora, as observações astronômicas jamais poderiam conduzir à descoberta de um ponto imóvel nos céus que fosse dotado de uma imobilidade incontestável. Portanto, não existe uma hipótese com a qual possamos estar certos de ter dado a cada planeta a quantidade precisa de movimento que lhe cabe.

Quanto à direção dos planetas, pode ser que ela seja simples, produzida unicamente pelo movimento próprio a cada um, ou composta, que viria deste primeiro movimento, e de um outro, que eles teriam em comum com o Sol. Supondo este último caso, dar-se-ia com os planetas o mesmo que com os corpos que se movem numa embarcação em movimento. São pontos sobre os quais a experiência não poderia nos esclarecer, ou seja, não temos como conhecer a direção absoluta de um planeta. Por isso, devemos nos limitar a julgar a direção e o movimento relativos aos astros, guiando-nos a partir das observações. E nossas suposições serão tão mais exitosas quanto mais exatas forem as nossas observações.

Tratado dos sistemas (1752)

Uma primeira observação, ainda grosseira, levou a crer que o Sol, os planetas e as estrelas fixas girariam em torno da Terra; o que abriu espaço para a hipótese de Ptolomeu. Mas as observações destes últimos séculos ensinaram que Júpiter e o Sol giram em torno de seus respectivos eixos e que Mercúrio e Vênus giram em torno do Sol. É uma observação que indica que também a Terra poderia ter dois movimentos, um ao redor de si mesma, outro em torno do Sol. Não demorou para que a hipótese de Copérnico fosse confirmada pela observação dos mesmos fenômenos que ela explica de maneira mais simples que qualquer outra. Pretendeu-se ir além, e, a fim de conhecer o círculo descrito pelos planetas, supôs-se que o Sol ocuparia o centro. Mas, quando essas suposições foram aproximadas das observações, reconheceu-se que eram falsas, e viu-se que o Sol não poderia estar no centro das circunferências. Observando-se sempre com exatidão, foram elaboradas hipóteses à medida que eram sugeridas pelas observações, e, corrigindo-as apenas na medida em que estas as corrigissem, os astrônomos imaginaram sistemas cada vez mais simples e, ao mesmo tempo, mais apropriados para dar a razão do maior número possível de fenômenos. Vê-se, portanto, que, se suas hipóteses não assinalam a direção nem o movimento absoluto dos astros, mas têm alguma coisa de equivalente em relação a nós, na explicação das aparências, tornam-se, assim, tão úteis quanto as hipóteses feitas na matemática.

As hipóteses da física enfrentam dificuldades ainda maiores que as da astronomia. São perigosas, se não forem feitas com muita precaução; e muitas vezes é impossível imaginar alguma que seja razoável.

Da interpretação da natureza

Situados como estamos em um átomo que gira em um canto do universo, quem acreditaria que os filósofos se propusessem a demonstrar na física os primeiros elementos das coisas, explicar a geração de todos os fenômenos e desenvolver o mecanismo do mundo inteiro? É esperar demais dos progressos da física imaginar que alguma vez pudéssemos ter observações suficientes para fazer um sistema geral. Quanto mais materiais fornece a experiência, mais se percebe o que falta a um edifício tão enorme. Sempre restam fenômenos a ser descobertos. Alguns estão muito longe para que se possa observá-los, outros dependem de um mecanismo que nos escapa. Não temos como penetrar as suas molas. Essa ignorância nos impede de remontar até as verdadeiras causas que produzem e ligam, num único sistema, o pequeno número de fenômenos que conhecemos. Pois, como tudo está interligado, a explicação das coisas que observamos depende de uma infinidade de outras que jamais poderíamos observar. Portanto, se fazemos hipóteses, é sem ter esgotado todas as suposições e sem ter regras que confirmem a nossa escolha.

Que não se venha dizer que as coisas que observamos são suficientes para que possamos imaginar as que não conseguimos observar, e que, combinando umas às outras, poderíamos imaginar novas, e, remontando de causa em causa, poderíamos adivinhar e explicar todos os fenômenos, embora a experiência só permita conhecer uns poucos. Um sistema como esse não teria nada de sólido, seus princípios mudariam dependendo da imaginação de cada filósofo e ninguém poderia estar seguro de ter encontrado a verdade.

Além disso, quando as coisas são tais que não podemos observá-las, a imaginação não pode fazer melhor do que repre-

Tratado dos sistemas (1752)

sentá-las a nós a partir do modelo daquelas que observamos. Mas como garantir que as imaginamos tais como são na natureza? Com que fundamento poderíamos dizer que a natureza não faz coisas que esconde de nós, como tantas outras ela nos mostra? Nenhuma analogia nos permite adivinhar os seus segredos; é provável que, se os revelasse por si mesma, veríamos um mundo inteiramente diferente do que temos. Em vão um químico se gaba de ter chegado, por meio da análise, aos primeiros elementos; nada prova que isso que ele toma por um elemento simples e homogêneo não seria um composto de princípios heterogêneos.

Vimos que se a aritmética dá regras de garantia da verdade de uma suposição, é porque nos oferece as condições para que analisemos tão perfeitamente os números de toda espécie que conseguimos remontar aos seus elementos primeiros e acompanhar a sua geração completa. Se um físico pudesse analisar dessa maneira qualquer um dos objetos de que se ocupa, por exemplo, o corpo humano, e as observações o conduzissem até a mola primordial que põe em movimento todas as outras, permitindo-lhe penetrar o mecanismo de cada uma das partes, então ele poderia construir um sistema que oferecesse a razão de tudo o que observamos em nós mesmos. Mas tudo o que distinguimos no corpo humano são as partes mais grosseiras e mais sensíveis; e observamos, ainda, que a morte recobre todas as suas operações. As demais partes são tecidos de fibras tão delicadas, tão sutis, que não conseguimos deslindá-las, não compreendemos nem o princípio de sua ação nem a razão dos efeitos que elas produzem. Se um único corpo é um enigma tão grande para nós, que enigma não é o universo!

Da interpretação da natureza

Mas o que pensar, então, do projeto de Descartes, quando, com cubos, ele produz o movimento e pretende explicar a formação do mundo, a geração dos corpos e todos os fenômenos? Um filósofo que, do fundo de seu gabinete, tenta remexer a matéria que ele imagina a seu dispor não encontrará nenhuma resistência. É que a imaginação vê tudo o que o agrada, e nada mais. Hipóteses como essas, porém, não lançam luz sobre nenhuma verdade, ao contrário, retardam o progresso das ciências e são extremamente perigosas, pelos erros que elas disseminam. A essas suposições vagas devem-se atribuir as quimeras dos alquimistas e a ignorância dos físicos por tantos séculos. Os abusos desse método se fazem sentir, principalmente, nas ciências práticas. A medicina é um bom exemplo.

Porque ignoramos os princípios da vida e da saúde, essa ciência é feita de conjecturas, ou seja, de suposições que não podem ser provadas. Os casos variam tanto que não podemos garantir que há dois perfeitamente iguais. Os médicos que seguem o método por mim censurado fazem uma ciência inteiramente conforme a certos princípios. Eles referem tudo às suposições gerais que adotaram e não aceitam conselhos nem sobre o temperamento dos doentes nem sobre qualquer circunstância contrária às suas hipóteses. Promovem, assim, todo o mal que a ignorância de tais coisas poderia naturalmente ocasionar.

Infelizmente, esse método abrevia em muito a prática da arte, pois, nesse sistema geral, não há doenças cujas causas eles não penetrem à primeira vista e cujos remédios não vejam. Suas suposições, aplicáveis a tudo, dão-lhes ainda um ar de segurança e uma expressão fácil que ocupam o lugar dos verdadeiros conhecimentos.

Tratado dos sistemas (1752)

Malgrado a inutilidade e as consequências perigosas das hipóteses gerais, os médicos insistem em não admitir ressalvas. Evocam sempre as hipóteses dos astrônomos, e imaginam que elas autorizariam as suas. Mas quanta diferença! Os astrônomos propõem-se a medir os movimentos respectivos dos astros, pesquisa que promete bons resultados. Os físicos tentam descobrir por meio de quais vias formou-se e conservou-se o universo, e quais os princípios das coisas. Curiosidade vã, que só poderia levar ao fracasso.

Os astrônomos partem de um princípio certo, que ou o Sol ou a Terra devem girar. Os físicos começam por princípios dos quais jamais poderiam ter uma ideia precisa.

Eles afirmam que cada uma das partes que compõem os corpos tem uma essência particular, mas não tem ideia da palavra essência. Afirmam que todas as partes da matéria são similares entre si e formam os diferentes corpos dependendo da forma que adquirem e da quantidade de movimento que recebem, mas não teriam como determinar a figura e o movimento. De que adianta saber que os primeiros princípios dos corpos têm uma certa essência, uma certa figura e um certo movimento, se não sabemos exatamente o que são essa essência, essa figura e esse movimento? Um conhecimento como esse não acrescenta muito às qualidades ocultas dos antigos.

É suficiente para os astrônomos supor a existência da extensão e do movimento. Vimos que eles se limitam a oferecer uma razão para as aparências e são cautelosos na edificação de seus sistemas. As hipóteses dos físicos que eu critico têm a intenção de nos permitir entrar na natureza da extensão, do movimento e dos corpos, e costumam ser obra de pessoas que observam pouco ou que desdenham a instrução a partir de observações devidamente realizadas. Ouvi dizer que um desses físicos, que se orgulha de ter um princípio e dá a razão de todos os fenômenos da química, teve a audácia de comunicar suas ideias a um químico tarimbado. Este teve a bondade de escutá-lo, e disse-lhe que tinha uma única objeção: os fatos eram inteiramente diferentes do que o outro supunha. Pois então os exponha, para que eu possa explicá-los, respondeu o físico. Essa insolência combina muito bem com o caráter de um homem que negligencia a instrução a partir dos fatos, pois acredita ter a razão de todos os fenômenos que poderiam existir. Mas por trás dessa segurança infundada, não encontramos mais do que hipóteses vagas.

Mesmo que as nossas suposições sejam falsas ou incertas, eles dizem, nada impede que as utilizemos para chegar a conhecimentos importantes, da mesma maneira como empregamos, ao erguer um edifício, um maquinário que depois se torna inútil. Não devemos ao sistema cartesiano as mais belas e mais importantes descobertas jamais realizadas, não importa se depois confirmadas ou refutadas? Alguns exemplos famosos são os experimentos de Huyghens, Boyle, Mariotte e Newton sobre o ar, o choque, a luz e as cores.

Ao que eu respondo, em primeiro lugar, que as suposições estão para um sistema como os alicerces estão para um edifício. Não é tão exato compará-las ao maquinário de que nos servimos para erguê-lo.

Em segundo lugar, afirmo que as descobertas sobre o ar, o choque, a luz e as cores se devem à experiência e não, em absoluto, às hipóteses arbitrárias de alguns filósofos. O sistema cartesiano deu à luz por si mesmo apenas a erros, e, se nos conduziu a algumas verdades, foi a contragolpes, incitando-nos a

Tratado dos sistemas (1752)

realizar certos experimentos. Nesse sentido, espera-se que os sistemas dos físicos modernos um dia sejam inúteis. A posteridade deverá muito a homens que a terão consentido em se enganar, dando-lhe a oportunidade de adquirir por si mesma, a partir da descoberta de seus erros, os mesmos conhecimentos que teriam recebido deles se tivessem se conduzido com mais sabedoria.

Deveríamos por isso banir da física todas as hipóteses? É certo que não, mas faríamos mal em adotá-las indiscriminadamente, e devemos desconfiar, em particular, das mais engenhosas. Pois tudo o que é apenas engenhoso não é simples, e a verdade, sem dúvida, é simples.

Para formar o universo, Descartes não pede a Deus nada além da matéria e do movimento. Mas, quando esse filósofo passa à execução do que promete, é engenhoso, e nada mais.

Começa por observar, não sem razão, que todas as partes da matéria tendem a se mover em linha reta, e que, se não encontrarem obstáculos, continuarão a se mover nessa direção.

Pressupõe, em seguida, que tudo é plano, ou melhor, conclui que é assim, a partir da ideia que fez de corpo, e quer agora que as partes da matéria, empenhando-se em todos os sentidos possíveis, ofereçam obstáculo umas às outras. Seriam imóveis? Não. Descartes explica de maneira engenhosa, e imagina que se moveriam circularmente, formando múltiplos turbilhões.

Newton encontrou muitas dificuldades nesse sistema. Rejeitou o vazio como uma suposição incompatível com o movimento. Não está interessado em formar o mundo; contenta-se em observá-lo; projeto não tão belo quanto o de Descartes, ou melhor, menos complicado, porém mais sábio.

Da interpretação da natureza

Newton não se propôs a adivinhar ou imaginar os primeiros princípios da natureza. Percebeu a vantagem de um sistema que tudo explicasse, e percebeu a nossa impotência a esse respeito. Observou e investigou se, dentre os fenômenos, não haveria algum que pudesse ser considerado como um princípio, ou como um fenômeno primeiro, que pudesse explicar os demais. Caso o encontrasse, faria um sistema mais limitado que o da natureza, mas tão extenso quanto os nossos conhecimentos poderiam ser. Seu objetivo era explicar as revoluções dos corpos celestes.

Esse filósofo observou e demonstrou que todo corpo que se move em curva obedece necessariamente a duas forças, uma que tende a movê-lo em linha reta, outra que o desvia dessa linha a cada instante.

Atribuiu essas duas forças a todos os corpos que realizam sua revolução em torno do Sol. À primeira, chamou de força de projeção, à segunda, de atração.

Essa suposição não é gratuita ou sem fundamento. Como todo corpo em movimento tende a se mover em linha reta, é evidente que só poderia se desviar dessa direção e descrever uma curva em torno do centro na medida em que obedece a uma segunda força, que o dirige continuamente para o centro da curva.

Newton não dá a essa força o nome de impulsão, pois, se é certo que a impulsão ocorre no movimento dos corpos celestes, é igualmente certo que não podemos observá-la, e nada indica a sua presença. Chamou-a de atração, pois a atração é dada na gravitação. Com efeito, na superfície da Terra, todas as partes gravitam para um centro comum; um corpo a certa distância dessa superfície continua a gravitar para esse mesmo centro; o mesmo vale para outro ainda maior. A Lua gravita para a Terra; a Terra e a Lua, para o Sol, e assim por diante. A analogia, a observação e o cálculo arrematam esse sistema, como mostrei em outra parte.

Os cartesianos respondem aos newtonianos que não temos nenhuma ideia dessa atração, e eles têm razão, mas tampouco têm fundamento para julgar que a impulsão é mais inteligível. Se o newtoniano não consegue explicar como os corpos se atraem, não pode esperar que o cartesiano lhe dê uma razão para o movimento que se comunica no choque. Tudo se resume aos efeitos, e eles são conhecidos, temos exemplos de atração bem como de impulsão. Quanto ao princípio, é ignorado em ambos os sistemas.

Por essa razão, os cartesianos são obrigados a supor que Deus fez uma lei para mover por si mesmo todo corpo que recebe o choque de outro. Nada impede, porém, que os newtonianos também suponham que Deus fez uma lei de atração dos corpos em direção ao centro em razão inversa do quadrado de sua distância. A questão se reduziria, portanto, a saber qual dessas duas leis Deus prescreveu para si mesmo, e não vejo por que os cartesianos teriam alguma vantagem a esse respeito.

Existem hipóteses que não têm fundamento. Dizem respeito à comparação entre duas coisas que, a bem dizer, não são similares, e, por essa razão, só poderíamos concebê-las de maneira muito confusa. Mas, porque elas dão a ideia de uma espécie de mecanismo, explicam uma coisa um pouco como um verdadeiro mecanicista as explicaria. Essas suposições podem ser empregadas quando têm a vantagem de tornar mais sensível uma verdade prática e de nos ensinar os benefícios que podemos extrair dela. Mas seria importante apresentá-las enquanto tais, o que, entretanto, não costuma ser feito.

Se quisermos, por exemplo, mostrar que a facilidade do pensar é adquirida pelo exercício, como todos os demais hábitos, e deve ser adquirido o mais cedo possível, suporemos de início dois fatos que ninguém poderia contestar: 1. O movimento é a causa de todas as mudanças que acontecem ao corpo humano; 2. Os órgãos se tornam mais flexíveis à medida que são mais utilizados.

Suporemos, em seguida, que todas as fibras do corpo humano são como pequenos canais, pelos quais circula um licor muito sutil (os espíritos animais) que se distribui pela parte do cérebro em que o sentimento está alojado e deixa aí diferentes traços; que esses traços têm uma ligação com as nossas ideias, que eles despertam; e concluiremos que, quanto mais facilmente sejam despertadas, menos obstáculos encontraremos para pensar.

Suporemos, em terceiro lugar, que as fibras do cérebro são mais moles e mais delicadas nas crianças; que se enrijecem com a idade, se fortalecem e adquirem certa constância, até que, por fim, a velhice, de um lado, as torna tão inflexíveis que elas não mais obedecem à ação dos espíritos, e, de outro, resseca o corpo a tal ponto que não há mais espíritos em quantidade suficiente para vencer a resistência das fibras.

Admitidas essas suposições, não é difícil imaginar como poderíamos adquirir o hábito de pensar. Darei a palavra a Malebranche, pois esse sistema é de sua lavra, mais que de qualquer outro.

> Não poderíamos prestar atenção a alguma coisa se não a imaginássemos e a representássemos no cérebro. Ora, a fim de que

Tratado dos sistemas (1752)

possamos imaginar os objetos, é necessário que façamos dobrar algumas partes de nosso cérebro ou que imprimamos nele algum outro movimento, para que se formem os traços aos quais estão ligadas as ideias que representam para nós esses objetos. De tal sorte que, se as fibras do cérebro estiverem enrijecidas, por pouco que seja, não serão capazes da mesma inclinação e movimento que antes. Assim, a alma não poderá imaginar, nem, por conseguinte, prestar atenção ao que quer, mas somente às coisas que lhe são familiares.

Deve-se concluir disso que é recomendável se dedicar desde cedo a toda espécie de assunto, a fim de adquirir certa facilidade para pensar o que se queira. Pois assim como adquirimos uma grande facilidade para mexer os dedos de nossas mãos de todas as maneiras e com grande velocidade a partir do uso frequente que fazemos deles, tocando instrumentos, por exemplo, também as partes de nosso cérebro cujo movimento é necessário para imaginar o que quisermos adquirem com o uso certa habilidade de se redobrar, que permite que imaginemos as coisas que quisermos com mais facilidade, prontidão e mesmo nitidez.

Essa hipótese fornece a Malebranche explicações de muitos outros fenômenos, como, entre outras coisas, a razão das diferentes características que se encontram no espírito dos homens. Para tanto, é suficiente combinar a abundância e a escassez, a agitação e a lentidão, a grandeza e a pequenez dos espíritos animais com a delicadeza e a grosseria, a umidade e a secura, a rigidez e a flexibilidade das fibras do cérebro. Com efeito,

> porque a imaginação consiste na força da alma para formar imagens dos objetos imprimindo-os, por assim dizer, nas fibras

Da interpretação da natureza

de seu cérebro, quanto mais distintos forem os vestígios dos espíritos animais, que são os traços dessas imagens, mais forte e diretamente a alma imagina esses objetos. Ora, assim como a extensão, a profundidade e a nitidez dos traços de uma gravura dependem da força com que atua o buril e da flexibilidade da madeira, também a profundidade e a nitidez dos vestígios da imaginação dependem da força dos espíritos animais e da constituição das fibras do cérebro. A variedade que se encontra nessas duas coisas responde pela grande diferença que notamos entre os espíritos.

São explicações engenhosas; mas se imaginarmos que nos dão uma ideia exata do que se passa no cérebro, estaremos muito enganados. Hipóteses como essas não oferecem a verdadeira razão das coisas, não são feitas para levar a descobertas, e seu uso deve se limitar a tornar sensíveis verdades das quais a experiência não permite duvidar.

O caráter das hipóteses da astronomia é inteiramente diferente. Um astrônomo tem ideias dos astros, da direção à qual o seu curso está submetido e dos fenômenos que daí resultam. Malebranche, porém, representa os espíritos animais de maneira muito imperfeita, bem como a sua circulação pelo corpo e os traços que eles deixam no cérebro. A natureza se mostra conforme às suposições do astrônomo, parece mais disposta a se abrir a ele. Quanto ao outro, tudo o que ela permite é que observe que as leis da mecânica são o princípio de todas as mudanças do corpo humano, e se o sistema dos espíritos animais tem alguma relação com a verdade, é por ser uma espécie de mecanismo. Poderia haver relação mais vaga?

Quando um sistema oferece a verdadeira razão das coisas, todos os seus detalhes são interessantes. Mas as hipóteses de que falamos se tornam ridículas quando seus autores insistem em desenvolvê-las em detalhe. Pois, quanto mais multiplicam as explicações vagas, mais parecem se congratular de ter penetrado na natureza, descuido que é imperdoável. Hipóteses como essas devem, portanto, ser expostas brevemente, e os únicos detalhes que exigem são os que tornem mais sensível uma verdade. Cada um pode julgar por si mesmo se Malebranche estaria isento de críticas a esse respeito.

Em minha lógica,[2] expliquei a sensibilidade, a memória, e, portanto, todos os hábitos do espírito. É um sistema em que raciocino a partir de suposições, todas elas indicadas pela analogia. Os fenômenos são desenvolvidos naturalmente e se deixam explicar de maneira muito simples. Contudo, reconheço que suposições como as minhas, quando não são indicadas pela analogia, não têm a mesma evidência que as suposições que a experiência indica por si mesma e que ela confirma. Pois se a analogia permite que não se duvide de uma suposição, apenas a experiência pode torná-la evidente. E assim como nem tudo que não é evidente deve ser rejeitado como falso, tampouco há que se considerar como evidentes todas as verdades das quais não temos dúvida.

Os corpos elétricos oferecem uma grande quantidade de fenômenos, atraem ou repelem outros corpos, emitem raios luminosos e centelhas, inflamam o vinho espirituoso, produzem violentas comoções etc. Se imaginássemos uma hipótese para dar razão desses efeitos, seria preciso que ela mostrasse uma analogia entre eles, uma analogia tão sensível que eles se

---

[2] *Ensaio sobre a origem dos conhecimentos humanos*, primeira parte. São Paulo: Editora Unesp, 2018.

explicassem uns a partir dos outros. A experiência nos mostra uma analogia como essa, entre alguns desses fenômenos. Vemos, por exemplo, que um corpo elétrico atrai corpos que não o são, e repele aqueles aos quais comunicou eletricidade. Vemos, ainda, que um corpo eletrificado perde essa virtude quando é tocado por outro corpo que não o é. Esses fatos explicam perfeitamente o movimento de uma pequena folha que se alterna entre o dedo que a toca e o tubo que a repele. Ela se afasta do tubo quando recebe eletricidade; aproxima-se dele quando perde eletricidade ao toque do dedo.

A experiência nos mostra fatos que se explicam uns a partir dos outros e nos oferece, assim, um modelo da maneira como uma hipótese deve dar a razão de tudo. Portanto, se quisermos ter a garantia de que uma suposição é boa, basta considerar se as explicações que ela fornece de certos fenômenos estão de acordo com as que a experiência oferece de outros. Caso explique a todos, sem exceção, e todas as observações tenderem a confirmá-la, então, diante dessas vantagens, não haverá dúvida de que ela contribui para o progresso da física.

Recomenda-se, por conseguinte, que o uso das hipóteses não seja proibido aos espíritos que apresentam vivacidade suficiente para desvendar, às vezes, a experiência. Suas suspeitas, contanto que apresentadas enquanto tais, podem orientar pesquisas e conduzir a descobertas. Deve-se, porém, convidá-los a que tomem todas as precauções necessárias para que não sintam um pendor pelas suposições que eles mesmos realizaram. Se Descartes tivesse oferecido suas ideias como conjecturas, teria tido a oportunidade de realizar as mesmas observações que realizou; oferecendo-as, porém, como o verdadeiro sistema do mundo, levou ao erro todos os que adotaram os seus princípios e interpôs obstáculos aos progressos da verdade.

Essas reflexões permitem-nos extrair diferentes vantagens das hipóteses, de acordo com os diferentes casos em que são utilizadas.

Em primeiro lugar, são não apenas úteis, como também necessárias, desde que possamos esgotar todas as suposições e tenhamos uma regra para identificar a boa. As matemáticas oferecem exemplos disso.

Em segundo lugar, não se poderia passar sem elas na astronomia, mas o seu uso deve se limitar a oferecer a razão das revoluções aparentes dos astros. Vê-se assim que são menos vantajosas na astronomia que na matemática.

Em terceiro lugar, não devem ser rejeitadas se puderem facilitar as observações ou tornar mais sensíveis as verdades atestadas pela experiência. Tais são as muitas hipóteses da física, quando reduzidas à justa medida. As mais perfeitas, porém, que os físicos poderiam utilizar, são as indicadas pelas observações, que oferecem explicações dos fenômenos análogas às que a experiência fornece em casos dados.

Pierre Louis Moreau de Maupertuis

Sistema da natureza (1754)

Resposta às objeções do sr. Diderot[1]

Quando me propus a tornar públicos alguns de meus pensamentos, prometi-me, caso me atacassem, não empregar meu tempo defendendo coisas que talvez não merecessem ser defendidas, mas que seguramente não valeriam o sossego que se perde nas disputas.

As opiniões filosóficas interessam tão pouco ao público que é praticamente apenas por amor-próprio que as sustentamos ou que a elas queremos sujeitar os outros.

Assim, nem a injustiça dos críticos, nem mesmo a consideração que eu poderia ter por algumas delas, fizeram-me mudar de resolução. Há apenas um único gênero de objeções às quais se está obrigado a responder e sobre as quais o silêncio seria uma falta contra a sociedade ou contra si: são aquelas que poderiam causar impressões deploráveis de nossa religião e de nossos costumes. Permitir que se pense que a filosofia con-

---

1 Tradução de Maurício de Carvalho Ramos.

duz à impiedade ou ao vício é falhar com a sociedade. Permitir que se creia que ela nos teria a isso conduzido seria falhar consigo mesmo.

Aqui me encontro, pois, na obrigação de justificar coisas que eu abandonara, mas uma dor ainda maior é a de ter de sustentar uma controvérsia contra um homem por quem sou pleno de estima, contra um autor que tanto honra a nossa nação e que a iluminou com tantas obras nas quais o espírito e o engenho brilham por toda parte. É verdade que obteremos uma vantagem em possuir tal adversário: é que ele faz desaparecer de nossos olhos, e dos olhos do público esclarecido, todos os outros que poderíamos ter e, uma vez lhe tivéssemos respondido, pouco teríamos que nos preocupar em responder aos outros.

O sr. Diderot, após ter distribuído elogios talvez excessivos sobre a pequena obra intitulada *Dissertatio inauguralis metaphysica de universalis naturae systemate*, acrescenta reflexões capazes de afligir ou assustar o autor. Entretanto, longe de ocultar as reflexões do sr. Diderot, nós as citaremos textualmente. A elas daremos uma resposta que aparentemente seria, ou que viria a ser, um esclarecimento necessário da obra.

Eis aqui como o sr. Diderot manifesta-se em sua *Interpretação da natureza*, pensamento 50.

Às vezes, para abalar uma hipótese, não é preciso mais que levá-la ao extremo. Faremos um ensaio nesse sentido tomando a hipótese do dr. de Erlang [Maupertuis], cuja obra, repleta de ideias novas e singulares, é uma verdadeira tortura para nossos filósofos. Seu objeto é o maior de todos que a inteligência humana poderia propor, o sistema universal da natureza. O autor começa expondo rapidamente as opiniões daqueles que o precederam, mostrando que seus princípios são insuficientes ao desenvolvimento dos fenômenos. Uns não exigiram mais que *extensão* e *movimento*. Outros julgaram necessário acrescentar *impenetrabilidade, mobilidade* e *inércia*. A observação dos corpos celestes, ou, de maneira mais geral, a física dos grandes corpos, demonstrou a necessidade de uma força pela qual todas as partes tenderiam ou gravitariam umas em relação às outras segundo uma lei determinada, e admitiu-se a *atração* em razão direta da massa e em razão recíproca do quadrado da distância. As operações mais simples da química, ou física elementar dos corpos pequenos, levaram a que se recorresse a *atrações* que seguissem outras leis; a impossibilidade de explicar a formação de uma planta ou animal a partir de atrações, inércia, mobilidade, impenetrabilidade, movimento, matéria ou extensão levou o sr. Maupertuis a supor a existência de ainda outras propriedades na natureza. Insatisfeito com as *naturezas plásticas*, que executariam todas as maravilhas da natureza sem matéria e sem inteligência, com as *substâncias subalternas inteligentes*, que atuam sobre a matéria de maneira ininteligível, com a *simultânea criação e formação das substâncias*, que, contidas umas nas outras, se desenvolveriam com o tempo a partir de um milagre inicial, e, por fim, com a *produção espontânea*, que não passa da reiteração de milagres a cada instante da duração, pensou que esses sistemas pouco filosóficos não teriam outra razão de ser além da crença infundada que atribui modificações bastante conhecidas a um ser cuja essência desconhecemos, e que, precisamente por isso, malgrado nossos preconceitos, é inteiramente compatível com tais modificações. Mas, afinal, que ser é esse? Que modificações são essas? Ousaríamos dizê-lo? Sem dúvida, responde o sr. Maupertuis. Esse ser é o ser corpóreo; essas modificações

Da interpretação da natureza

são o *desejo*, a *aversão*, a *memória* e a *inteligência*, ou, numa palavra, as qualidades que identificamos nos animais, que os antigos chamavam de *alma sensitiva*, e que o sr. Maupertuis admite, guardadas as devidas proporções de forma e de massa, nas menores partículas da matéria como no maior dos animais. Se fosse perigoso, ele acrescenta, conceder às moléculas da matéria algum grau de inteligência, o perigo seria o mesmo em se tratando de um elefante, de um macacão ou de um grão de areia. A essa altura, o filósofo da Academia de Erlang se esforça ao máximo para afastar de si toda suspeita de ateísmo, e é evidente que, se defende sua hipótese com algum ardor, é porque pensa que ela explica os fenômenos mais difíceis sem que o materialismo seja uma consequência. A leitura de sua obra ensina a conciliar as ideias filosóficas mais ousadas com o mais profundo respeito pela religião. Deus criou o mundo, afirma o sr. Maupertuis; incumbe a nós encontrar, na medida do possível, as leis com as quais decidiu conservá-lo e os meios que destinou à reprodução dos indivíduos. Abre-se assim todo um campo para novas ideias; eis as suas principais.

O elemento seminal, extraído de uma parte semelhante à que deve se formar no animal, sente e pensa, e tem assim alguma memória de sua situação inicial: daí a conservação das espécies e a semelhança entre a prole e os progenitores.

Pode acontecer de o fluido seminal ser superabundante ou escasso em alguns elementos, que esses elementos não consigam se reunir entre si por esquecimento ou que se deem uniões bizarras entre elementos supranumerários: daí a impossibilidade da geração ou a gama completa das gerações monstruosas possíveis.

Certos elementos adquirem uma prodigiosa facilidade para se unir constantemente da mesma maneira; se forem diferentes, uma formação de animais microscópicos, que pode variar ao infinito;

Sistema da natureza (1754)

se forem semelhantes, um pólipo, que pode ser comparado a um cacho de abelhas infinitamente pequenas que, por terem a memória viva de uma única situação, reúnem-se e assim permanecem a partir dessa situação que lhes é mais familiar.

Se a impressão da situação presente compensa ou aumenta a memória de uma situação passada, de sorte que há uma indiferença entre essas situações, há uma esterilidade, como a dos mulos.

Nada impede que as partes elementares inteligentes e sensíveis se distanciem infinitamente da ordem que constitui a espécie: daí a infinidade de espécies animais, derivadas de um animal primeiro e de seres derivados de um ser primeiro: em toda a natureza, um único ato.

Poderiam os elementos, acumulando-se e combinando-se, adquirir, a cada variação, um pequeno grau a mais de sentimento e percepção? De modo algum, diz o sr. Maupertuis. Essas qualidades são essenciais a eles. Mas, então, o que acontece? Isto: dessas percepções de elementos reunidos e combinados resulta uma percepção única, proporcional à massa e à disposição, e esse sistema de percepções em que cada elemento perdeu a memória de *si* concorre para formar a consciência do *todo*, é a alma do animal. "Ao que parece resulta em nós, da reunião de todas as percepções dos elementos, uma percepção única, muito mais forte e mais perfeita que cada uma das percepções elementares, e que talvez esteja para ela assim como o corpo organizado está para cada elemento. Mas como cada elemento perde, em sua mistura e união com os outros, o sentimento particular de *si*, falta-nos toda memória do estado primitivo dos elementos, o que significa que nossa origem nos escapa por completo".

Neste ponto, surpreendemo-nos que o autor não tenha se dado conta das terríveis consequências de sua hipótese, ou, se as

Da interpretação da natureza

percebeu, não a abandonou. Apliquemos nosso método ao exame de seus princípios. Eu pergunto a ele se o universo ou a coleção geral de todas as moléculas sensíveis e pensantes forma ou não um todo. Caso ele me responda que não, com uma única palavra ele abalará a existência de Deus, introduzindo a desordem na natureza e destruindo a base da filosofia ao romper a cadeia que liga todos os seres. Caso ele admita que é um todo em que os elementos estão tão ordenados quanto as partes nos elementos, sejam elas real ou inteligivelmente distintas, e os elementos no animal, ele terá de reconhecer que o mundo, essa cópula universal semelhante a um grande animal, é dotado de uma alma; que ele pode ser infinito; que essa alma do mundo, não direi é, mas pode ser, um sistema infinito de percepções; e que o mundo pode ser Deus. Ele poderá protestar à vontade contra essas consequências, nem por isso elas serão menos verdadeiras, e, por mais que suas sublimes ideias lancem alguma luz sobre as profundezas da natureza, nem por isso elas serão menos assombrosas. Para ver que é assim, basta generalizar. O ato da generalização está para as hipóteses do metafísico como as observações e experimentos reiterados estão para as conjecturas do físico. As conjecturas são justas? Quanto mais experimentos realizamos, mais verificáveis elas serão. As hipóteses são verdadeiras? Quanto mais extensas as consequências, mais verdades elas abarcarão, e mais evidentes e fortes elas se tornarão. Ao contrário, se as conjecturas e as hipóteses forem frágeis e carentes de fundamento, a descoberta de um fato será uma verdade suficiente para desmenti-las. A hipótese do sr. Maupertuis desvenda, se aceitarmos, o mistério mais incompreensível da natureza: a formação dos animais, ou, em termos gerais, a de todos os corpos organizados. A coleção universal dos fenômenos e a existência de Deus são os anteparos dessa

Sistema da natureza (1754)

hipótese. Rejeitar, ao contrário, as suas ideias, desconsiderando a obscuridade dos fenômenos que ele quis explicar, a fecundidade de sua hipótese, as consequências surpreendentes que podemos extrair dela, o mérito de novas conjecturas sobre um tópico sobre o qual se debruçaram homens de todos os séculos, e a dificuldade de combater as suas próprias com êxito, é ignorar que elas são o fruto de uma meditação profunda, e a robusta tentativa, da parte de um grande filósofo, de explicar o sistema da natureza.

Antes de responder diretamente às objeções do sr. Diderot, que nos seja permitido fazer algumas reflexões sobre o método do qual ele se vale. Propusemos uma hipótese que lançaria alguma luz sobre um assunto em que os raios da nova filosofia ainda não puderam penetrar. Felicitamo-nos pela consideração que o sr. Diderot parece ter por essa hipótese. Mas, ao mesmo tempo, poderíamos lastimar a maneira pela qual ele pretende combatê-la. Começaremos por examinar a suficiência ou a insuficiência desse método.

O sr. Diderot, após ter elogiado excessivamente a tese de Erlangen, pretende que dela se possam extrair *terríveis consequências* e, de fato, esforça-se por expor essas consequências à maior claridade, e conclui, daí, contra a hipótese.

Se se tivesse menos convencido da religião do autor da interpretação da natureza, poder-se-ia supor que seu propósito não é tanto destruir a hipótese quanto dela extrair as consequências que ele chama de *terríveis*. Mas, de qualquer modo, para aceitarmos a maneira pela qual ele parece argumentar contra nós, eu lhe perguntaria se há alguma hipótese filosófica da qual não se possa, se quisermos, extrair consequências *terríveis*. Para não citar nenhum autor vivo e citar apenas aqueles dos quais se respeita mais a memória, que se abra o livro de Descartes, que se veja de que maneira ele explica a formação do mundo e o que disso se seguiria para a história do Gênese. Que se leia Malebranche, que se examine essa extensão inteligível arquetípica de todos os seres, ou, antes, todos os próprios seres que a alma humana percebe apenas aplicando-se a essa extensão. Que se siga essa ideia, que dela se tire as consequências e diga-me no que tudo vem a ser, no que vêm a ser os corpos e no que vem a ser a Bíblia. Que se tome o sistema que se queira sobre a liberdade e o poder de Deus, que se tire as consequências, não digo muito afastadas, mas as primeiras e as mais próximas, e se verá onde se está.

Portanto, não é, de modo algum, um meio legítimo ou aceito para derrubar uma hipótese combatê-la pelas consequências distantes que dela se pode extrair, ou, pelo menos, aqueles que assim a atacam deveriam aceitar que talvez não haja uma hipótese que não possa ser atacada desse modo.

Mas após termos nos protegido colocando os maiores homens entre nós e nosso adversário, faremos ainda algumas reflexões gerais sobre esse método, que ele considera como destruidor dos sistemas.

Nosso espírito, tão limitado como é, poderia encontrar um sistema em que todas as consequências concordam? Tal sistema seria a explicação de tudo: crê-se possível a ele chegar? Todos os nossos sistemas, mesmo os mais extensos, abarcam apenas uma pequena parte do plano que a inteligência suprema seguiu. Não vemos nem a relação das partes entre si, nem sua relação com o todo e, se queremos levar demasiadamente longe o sistema a partir de uma dessas partes até os confins de uma outra, nos encontraremos barrados por dificuldades

Sistema da natureza (1754)

que nos pareceriam insuperáveis e que, talvez, efetivamente o sejam, mas que seriam apenas lacunas e nada poderiam provar contra a verdade do sistema. Elas apenas nos advertem do que deveríamos bem saber, que não vemos tudo. Desde que se tenha explicado um fenômeno, alguns imediatamente bradam que tudo está descoberto, outros, paralisados por alguma dificuldade, abandonam a explicação. Há nuns e noutros igual precipitação e, talvez, igual erro.

Vejamos agora que efeito o método do sr. Diderot deve produzir sobre os diferentes espíritos.

1. Há aqueles a quem as consequências opostas aos dogmas teológicos não alarmarão de modo algum, que não acreditam que a impossibilidade de concordar a filosofia com a revelação deva rejeitar uma hipótese que, ademais, concorda bem com a natureza. Para estes é evidente que as objeções do sr. Diderot são fracas.

2. Há outros que, de modo algum, considerarão as consequências incômodas que se pode tirar de uma hipótese como decisivas provas contrárias. Eles pensarão que essas consequências não são consequências necessárias da hipótese ou que elas não são efetivamente contraditórias àquilo que devemos acreditar; que a religião e a filosofia possuem domínios tão diferentes que não podemos passar de uma a outra; que o Ser supremo vê a cadeia que as une, mas que essa cadeia está para além do nosso alcance. Aqueles que pensam assim serão apenas minimamente abalados pelas objeções do sr. Diderot e, para tranquilizá-los, não seria necessário dar nenhuma outra resposta além desta que aqui demos.

3. Para o pequeno número daqueles aos quais tudo alarma, os quais, desde que uma proposição filosófica lhes é apresenta-

Da interpretação da natureza

da, a levarão até a porta do templo para julgá-la sob o clarão da lamparina; são aparentemente eles que o autor da interpretação da natureza teve em vista; é a eles que suas objeções parecem dirigidas; é para eles que iremos examiná-las.

A principal objeção que faz o sr. Diderot contra a tese de Erlangen é a consequência que quer extrair da seção 52, ou melhor, das seções 52, 53 e 54 dessa tese. O doutor Baumann, após ter dotado as menores partes da matéria, os elementos, de sentimento ou de percepção, continua: quando os elementos se unem para formar um corpo organizado, *cada elemento, depositando sua forma e se acumulando aos corpos que formará, depositaria também sua percepção? Perderia, enfraqueceria ele o pequeno grau de sentimento que possuía, ou o aumentaria pela sua união com os outros para proveito do todo? Sendo a percepção uma propriedade essencial dos elementos, não parece que ela possa perecer, diminuir nem aumentar. Ela pode efetivamente receber diferentes modificações por meio das diferentes combinações de elementos. Mas ela deve, no universo, sempre formar uma mesma soma, embora não possamos segui-la ou reconhecê-la. Não nos é possível saber pela experiência o que se passa a esse respeito nas espécies diferentes da nossa; podemos, quando muito, julgá-lo apenas pela analogia. A experiência do que se passa em nós mesmos, que seria necessária para essa analogia, não nos instrui ainda suficientemente. Porém, em nós, parece que de todas as percepções dos elementos reunidos resulta uma percepção única, muito mais forte, muito mais perfeita do que qualquer uma das percepções elementares, e que, talvez, cada uma dessas percepções esteja na mesma relação em que o corpo organizado está para o elemento. Cada elemento, em sua união com os outros, tendo confundido sua percepção com as deles e perdido o sentimento particular de si, a lembrança do estado primitivo dos elementos nos falta e nossa origem deve estar inteiramente perdida para nós.*

Sistema da natureza (1754)

Pela maneira que o doutor Baumann propõe isso, pode-se apenas considerá-lo como uma dúvida ou uma conjectura que nem mesmo pertence a seu sistema físico da formação dos corpos. Entretanto, o sr. Diderot parte daí como se fosse uma proposição confirmada que abrangeria todo o sistema. Pretende que essa proposição abalaria a existência de Deus ou confundiria Deus com o mundo.

Ele pergunta ao doutor de Erlangen se o universo ou a coleção geral de todas as moléculas sensíveis forma um todo ou não. Se o doutor, diz ele, responde que de modo algum ele forma um todo, desacreditará com apenas uma palavra a existência de Deus, introduzindo a desordem na natureza, e destruirá a base da filosofia, rompendo a cadeia que liga todos os seres. Se admite que ele é um todo no qual os elementos não são menos ordenados do que as partes, realmente distintas ou apenas inteligíveis, o são em um elemento e os elementos em um animal, será preciso que ele reconheça que, em consequência dessa copulação universal, o mundo, semelhantemente a um grande animal, possui uma alma; que o mundo, podendo ser infinito, essa alma do mundo, não digo que é, mas que pode ser um sistema infinito de percepções e que o mundo pode ser Deus.

Para que um dilema seja justo, é preciso que o termo que se emprega em ambas as partes do dilema não apenas seja o mesmo, mas tenha precisamente o mesmo sentido e que esse sentido seja claro e bem definido. Sem isso, o dilema é apenas uma surpresa ou nada conclui. O universo é um *todo*, sim ou não? Na negativa, o sr. Diderot de nenhum modo define o termo *todo* e deixa-o no mais vago sentido. Na afirmativa, ele concede-lhe um sentido determinado e o sentido que lhes convém para conduzir o doutor Baumann a uma conclusão incômoda. O doutor poderia queixar-se dessa armadilha que parece que lhe quis armar, mas prefere se render para mostrar que aí não é pego. Para isso, basta-lhe examinar o que se pode entender pelo termo *todo*.

Se por *todo* entende-se *o que não deixa nada de fora*, perguntar se o universo é um todo ou não seria uma questão indiferente para nosso assunto, ou pelo menos que não se dirigiria mais ao doutor Baumann do que a todos os outros filósofos; além disso, não é esse o sentido que o sr. Diderot parece dar a ele.

Se por um *todo* entende-se um edifício regular, uma reunião de partes harmoniosas, todas e cada uma em seu lugar, quando o sr. Diderot pergunta se o universo é um todo ou não, o doutor pode responder não ou sim, como queira o sr. Diderot. Se ele responde não, não correrá mais risco e não terá mais medo de desacreditar a existência de Deus do que o temeram autores da mais elevada piedade[2] que, longe de tomar o universo por um *todo* regular, o consideram apenas como um amontoado de ruínas no qual a todo instante se encontra desordem de toda a espécie, desordem na física, na metafísica e na moral. Se o doutor quer responder que o universo forma um todo, de modo algum disso se seguirá que em alguns corpos particulares, tais como os dos animais, as percepções elementares conspiram para formar uma percepção única; de modo algum se seguirá, digo, que essa cópula de percepções se estenda necessariamente ao universo inteiro. Tal maneira de raciocinar, que o sr. Diderot chama o ato da generalização e que considera como a pedra de toque dos sistemas, é apenas uma espécie de

---

2 Malebranche etc.

Sistema da natureza (1754)

analogia, que se tem o direito de interromper onde se queira, incapaz de provar nem a falsidade nem a verdade de um sistema. Alguns filósofos modernos, para fazer valer um de seus princípios, *que a natureza de modo algum age por saltos*, fazem da totalidade da matéria um só bloco, uma só peça, um *contínuo* sem nenhuma interrupção entre suas partes. Se foi esse contínuo que o sr. Diderot entendeu por seu *todo*, responderíamos a ele primeiramente que a razão e a experiência provam que há *vazio* na natureza e que os corpos estão apenas disseminados no espaço. Mas ainda que se consentisse até mesmo admitir o *pleno*, seria fácil reduzir esse contínuo ao edifício do assunto precedente e aplicar à objeção do sr. Diderot a mesma resposta a ela já oferecida. Pois haja ou não o vazio, sendo as partes da matéria sempre distintas e uma nunca podendo ser a outra, por mais próximas que estejam, por mais intimamente que estejam unidas, elas farão do universo apenas um *contínuo* aparente. A diferença entre esse *contínuo* e o *disseminado* consistirá apenas na maior ou menor distância entre as partes, será apenas o efeito dessa distância sobre nossos sentidos. As partes do diamante ou do mais pesado dos metais estão mais próximas do que as do corpo mais rarefeito, mas não são mais contínuas. Os microscópios chegaram ou podem chegar a nos fazer perceber distâncias entre as partes dos mais compactos corpos; nossa vista e nosso tato podem nisso enganar-se, mas para nosso espírito nenhuma substância material é contínua. O que podemos tomar por um todo só pode ser, então, uma reunião mais ou menos composta de partes formando um edifício mais ou menos regular, mas no qual jamais será necessário que o que pertence à organização desta ou daquela parte estenda-se a todo o edifício. Assim, essa maneira de considerar

Da interpretação da natureza

o todo necessariamente aplica-se de novo àquela presente no assunto precedente, e tudo o que ali dissemos se aplica aqui. Mas se pela palavra *todo* admitimos o desenvolvimento que o sr. Diderot fez e a definição que propôs na segunda parte de seu dilema, se se entende por *todo* o Deus de Espinosa, o sr. Baumann seguramente negará que o universo seja um todo e o negará sem que jamais se possa sustentar que seu sistema encerre tal ideia.

Acreditamos tão pouco que a reunião de percepções de partes elementares que formam o corpo dos animais leve a consequências perigosas que de modo algum teríamos receio de admiti-la, ou de admitir qualquer coisa semelhante, em partes mais consideráveis do universo, de atribuir a esses grandes corpos alguma espécie de instinto ou de inteligência sem que isso implicasse que deles fizéssemos deuses. Quantos filósofos em todos os tempos, em todas as seitas e no próprio seio do cristianismo, quantos teólogos não citaríamos que admitiram almas nas estrelas e nos planetas, sem falar daqueles que deles fizeram verdadeiras divindades!³

---

3 Deles, os egípcios fizeram deuses e, entre os gregos, os estoicos atribuíram-lhes almas divinas. Anaxágoras foi condenado como ímpio por haver negado a alma do Sol. Cleanto e Platão foram sobre isso mais ortodoxos. Fílon concede aos astros não apenas almas, mas almas muito puras. Orígenes era da mesma opinião: acreditou que as almas desses corpos nem sempre lhes pertenceram e que um dia viriam a ser deles separadas.
Avicena deu aos astros uma alma intelectual e sensitiva. Simplício acreditava-os dotados de visão, audição e tato. Tycho e Kepler admitem almas nas estrelas e nos planetas. Baranzanus, religioso barnabita, astrônomo e teólogo, atribui-lhes uma alma intermediária entre a intelectual e a bruta. Na verdade, Santo Tomás, que em

Sistema da natureza (1754)

Tais são as reflexões que se pode fazer sobre o método que o sr. Diderot seguiu para refutar a tese de Erlangen. Se ele interpreta a natureza como interpretou essa tese, encontrará, a todo momento, consequências terríveis, que são terríveis apenas porque temos mais curiosidade do que argúcia. Chegamos a descobrir algumas partes do sistema do universo, mas nossas visões não são extensas o bastante para ver a relação que elas possuem com o todo. Às vezes, acreditamos mesmo ver entre elas contradições; deveríamos ver apenas nossa imprudência e nossa incapacidade.

O sr. Diderot, após ter assim atacado o sistema do doutor Baumann, faz-lhe, no parágrafo seguinte, uma censura ainda mais injusta. Eis esse parágrafo 51, *da impulsão de uma sensação*.

Se o sr. Maupertuis tivesse mantido o seu sistema nos limites devidos e tivesse aplicado suas ideias apenas à formação dos animais, sem estendê-las à natureza da alma, a partir da qual, como creio ter demonstrado, elas podem ser levadas até a existência de Deus, não teria sido lançado na mais sedutora espécie de materialismo, atribuindo às moléculas orgânicas o desejo, a aversão, o sentimento e o pensamento. Teria feito melhor em se contentar com a suposição de uma sensibilidade mil vezes menor que aquela que o Todo-Poderoso concedeu aos animais mais estúpidos e mais próximos da matéria morta. Essa sensibilidade silenciosa, aliada às diferenças de configuração, daria à molécula orgânica

---

diferentes trechos de suas obras havia-lhes atribuído com muita liberdade almas intelectuais, parece, em seu sétimo capítulo contra gentes, ter-se retratado e não mais querer atribuir-lhes senão almas sensitivas.

Da interpretação da natureza

a condição mais confortável possível, pela qual ela, do contrário, teria de buscar incessantemente, por meio de uma inquietude automática como aquela dos animais, que mesmo durante o sono, quando o uso de quase todas as faculdades foi suspenso, se agitam até que tenham encontrado a posição mais conveniente ao repouso. Esse princípio teria sido suficiente, sem nenhuma consequência perigosa, para explicar os fenômenos que lhe interessam, e o sem-número de maravilhas que deixam estupefatos os nossos observadores de insetos. Então, ele teria definido o animal em geral como *um sistema de diferentes moléculas orgânicas que, pela impulsão de uma sensação similar a um tato obtuso e silencioso, que lhes foi dada pelo que criou a matéria, combinam-se entre si até que cada uma tenha encontrado o lugar mais conveniente à sua figura e ao seu repouso.*

O autor da interpretação da natureza censura aqui ao doutor Baumann como sendo um princípio do materialismo ter concedido às partes elementares algum grau de percepção, e aceita admitir nelas *uma sensação semelhante a um toque obtuso e surdo.* Ele não quer que a percepção possa pertencer à matéria e acredita que a sensação possa pertencer-lhe, como se a percepção e a sensação fossem de um gênero diferente; como se o maior ou o menor grau de perfeição na percepção mudasse sua natureza. É sério que o sr. Diderot propõe essa diferença?

Aqueles que recusam a percepção na matéria apoiam-se na distinção entre duas substâncias. Definiram a alma como uma substância pensante e indivisível. Eles pretendem que ela seja apenas isso e creem no direito de ela banir a extensão e todas as outras propriedades do corpo. Definem a matéria como uma simples extensão e acreditam dela ter uma ideia completa o bastante para rejeitar todas as propriedades que a ela não pa-

Sistema da natureza (1754)

recem necessárias ou que nela não percebam: e o pensamento é uma delas. Mas qual é *esse pensamento* que aqueles sobre os quais falamos consideram incompatível com a extensão? É apenas a faculdade de conceber as coisas mais sublimes? Não, é o pensamento em geral, é a simples faculdade de perceber ou de sentir, é o mínimo sentimento de *si, a mais obscura e a mais surda sensação*, que não se encontra mais na ideia que eles têm da matéria do que nas meditações de Locke ou de Newton.

Não é aqui o lugar para mostrar a deficiência desse raciocínio, para explicar como, conhecendo apenas propriedades e não vendo de nenhum modo a relação de algumas com as outras, esses filósofos, para reunir aquelas que mais lhes pareciam combinarem-se conjuntamente, delas fizeram duas coleções, admitiram-lhes dois sujeitos que chamaram *substâncias*, excluindo de uma todas as propriedades que haviam atribuído à outra. Seria fácil mostrar quão desconhecidos nos são esses sujeitos em si mesmos e, de uma substância assim forjada, quão pouco direito temos de excluir qualquer propriedade da qual não vemos a contradição manifesta com as outras. Mas no ponto em que está a filosofia atualmente, tudo isso seria supérfluo.

Volto à objeção do autor da interpretação da natureza e creio que, depois do que acabamos de dizer, se verá que, quando ele propõe substituir a *percepção elementar* do doutor Baumann por uma *sensação semelhante a um toque obscuro e surdo*, trata-se de um verdadeiro jogo de palavras para ganhar ou surpreender o leitor, sendo que uma sensação é uma verdadeira percepção.

Isso sem dúvida bastaria para servir de resposta ao parágrafo 51 da *Interpretação da natureza* e se acharia, talvez, que a resposta foi fácil. Porém, haveria motivos para surpreender-se se, examinando as seções da tese de Erlangen e comparando-as a esse

149

Da interpretação da natureza

parágrafo, se julgasse que o sr. Baumann não disse outra coisa além do que o sr. Diderot queria que ele dissesse.

O dr. Baumann explicou em mais de um lugar[4] o que entendia por essas percepções elementares e nunca as confundiu com as percepções claras e distintas de nossa alma. Falando das obras de alguns insetos, eis aqui (seção 61 da tese) como ele se exprime acerca das faculdades que lhes fazem executá--las, eis a ideia que ele oferece sobre as percepções elementares, que coloca bem abaixo dessas faculdades. Abandono, se se quer, os termos *desejo*, *aversão*, *memória* e mesmo *instinto*. Que se dê o nome que se queira às propriedades que fazem os insetos executar essas maravilhosas obras. Porém, diga-me se é mais fácil conceber que animais menos animais que esses, por alguma propriedade do mesmo gênero, sejam capazes de se colocar e de se unir em uma certa ordem.

Que se compare a ideia de percepções elementares, que aqui oferece o doutor Baumann, com aquela da *sensação de um toque obtuso e surdo*, que o sr. Diderot queria que ele apresentasse, e que se veja se entre as duas se encontra essa diferença que o sr. Diderot pretende capaz de distinguir o verdadeiro do falso.

Volto ao ponto principal desta resposta, àquilo que nos fez empreendê-la. O sr. Diderot talvez não tenha feito justiça a nossa obra, mas fez justiça a nossos sentimentos quando disse: "A leitura de sua obra ensina a conciliar as ideias filosóficas mais ousadas com o mais profundo respeito pela religião."

---

4 No fundo, toda a repugnância que se tem em atribuir à matéria um princípio de inteligência provém apenas de sempre se acreditar que ela deve ser uma inteligência semelhante à nossa; mas é justamente isso que devemos evitar com cuidado (seção 62).

Sistema da natureza (1754)

Com efeito, estamos tão repletos desse respeito que jamais hesitaríamos sacrificar-lhe nossa hipótese e mil hipóteses semelhantes se nos mostrassem que elas contivessem o mínimo que fosse de oposto às verdades da fé ou se essa autoridade, a que todo cristão deve se submeter, as desaprovasse. Mas consideraríamos como um ultraje feito à religião se se pensasse que alguma conjectura filosófica, que se propõe apenas hesitantemente, fosse capaz de trazer prejuízo às verdades de uma outra ordem e de uma certeza completamente distinta.

Jean le Rond d'Alembert
Elementos de filosofia (1759)

Lógica[1]
(livro I, cap. 5)

Dado que nem todas as verdades fundamentais que compõem a substância dos elementos são verdades primeiras, mas eventualmente requerem, para serem apreendidas e provadas, certas combinações, é necessário conhecer desde o começo as regras segundo as quais essa combinação deve ser feita. Consistem elas no caminho contínuo e sucessivo que o espírito traça do conhecido ao desconhecido, ao que se chama *raciocinar*. A arte de raciocinar, dita *lógica*, é, portanto, a primeira ciência a ser tratada nos elementos de filosofia, e forma como que o seu frontispício ou o seu pórtico. Dispomos de inúmeros escritos sobre lógica; mas qual a necessidade de tantas regras para a ciência do raciocínio? Para ter êxito nela, é preciso, mais do que ler esses textos, conhecer os tratados de moral escritos para os homens de bem. Os geômetras, sem terem esgotado

---

[1] Tradução de Pedro Paulo Pimenta.

os preceitos da lógica, e tendo por guia unicamente o sentido natural, chegaram, por meio de uma marcha sempre segura, às verdades mais remotas e mais abstratas, enquanto muitos filósofos, ou antes, escritores de filosofia, parecem ter posto à frente de suas obras grandes tratados sobre a arte do raciocínio apenas para, logo depois, afastarem-se deles de maneira metódica, um pouco como esses tristes jogadores que, após muito calcular, terminam perdendo as suas apostas.

Como dissemos, os geômetras não devem a segurança de seus raciocínios e princípios ao uso ilusório de axiomas, mas ao cuidado que têm de fixar os termos que utilizam sem jamais abusar deles, à maneira como decompõem o seu objeto e ao encadeamento acertado que introduzem entre as verdades. Eles têm, é certo, a vantagem de trabalhar com um objeto palpável, simplificado ao máximo possível pela abstração feita de um bom número de suas qualidades. Mas mesmo se nas outras ciências os intervalos entre as verdades são maiores, mais frequentes e mais difíceis de preencher, o método para chegar ao conhecimento das verdades que se oferecem a nós é sempre o mesmo. Ele consiste em observar com exatidão a dependência mútua entre elas, a não preencher com uma falsa genealogia as lacunas em que não há filiação, a imitar, enfim, aqueles geógrafos que, detalhando cuidadosamente em seus mapas as regiões conhecidas, não hesitam em deixar espaços vazios no lugar das terras ignoradas.

A lógica inteira se reduz a uma regra bastante simples. Para comparar entre si dois ou mais objetos afastados um do outro, servimo-nos de muitos objetos intermediários, e o mesmo vale na comparação entre duas ou mais ideias. A arte do raciocínio

Elementos de filosofia (1759)

é o desenvolvimento desse princípio e das consequências que dele resultam.

Esse princípio pressupõe um fato tão certo quanto inexplicável, que o nosso espírito não somente tenha muitas ideias ao mesmo tempo, mas, ainda, que ele perceba simultaneamente a união ou a discordância entre elas. Um dos mistérios da metafísica é essa multiplicidade instantânea de operações em uma substância tão simples quanto a pensante.

Todo raciocínio que mostre com evidência a ligação ou a oposição entre duas ideias chama-se *demonstração*. São dessa espécie os únicos raciocínios utilizados na matemática. Outras ciências também fornecem exemplos deles, embora com menos frequência. O cúmulo do erro, porém, seria imaginar que a essência das demonstrações consistiria na forma geométrica, um mero acessório que as reveste, ou em uma lista de definições, axiomas, proposições e corolários. Essa forma é tão pouco essencial à prova das verdades matemáticas que muitos geômetras modernos a abandonaram, por ser inútil.

Todavia, muitos filósofos foram seduzidos por esse aparato, e, deixando-se levar por sua imponência, julgaram por bem aplicá-lo indiferentemente a toda sorte de objeto. Acreditaram que raciocinar formalmente era raciocinar com precisão. Com seus erros, porém, eles mostraram como, nas mãos de um espírito falso ou de má-fé, essa roupagem matemática não passa de um recurso para enganar mais facilmente a si mesmo e aos outros. Introduziram-se figuras de geometria em tratados sobre a alma; reduziu-se a um teorema o inexplicável enigma da *ação de Deus sobre as criaturas*; profanou-se a palavra *demonstração*, aplicando-a a objetos em que o emprego de outras, como *con-*

155

jectura e *verossimilhança*, poderia ser temerário. Mas basta lançar os olhos sobre essas proposições agraciadas com um título tão honorífico para descobrir que o seu prestígio é um embuste, para desmascarar o sofista travestido de geômetra e convencer--se de que os títulos são uma marca tão equívoca do mérito das obras quanto do mérito dos homens.

Seria sem dúvida desejável que as demonstrações rigorosas fossem as únicas utilizadas, e que, na maioria dos casos em que falta essa luz, nos limitássemos simplesmente a reconhecer a nossa ignorância. Mas na maioria das ciências, incluindo a física, a medicina, a jurisprudência e a história, há uma infinidade de casos em que, sem termos nem luzes nem convicção, somos forçados a agir e a raciocinar como se as tivéssemos. Como não podemos alcançar o verdadeiro nem ao menos nos assegurar de que chegamos a ele, devemos nos aproximar dele tanto quanto possível. Então, imitamos os matemáticos, que, na falta de dados suficientes ou de um método completo para resolver um problema com exatidão, tentam resolvê-lo de maneira aproximada. Mas assim como nessas soluções o matemático está ciente dos limites que o afastam ou o aproximam do verdadeiro, temos de aprender a não confundir, em matérias puramente conjecturais, o simplesmente provável com o rigorosamente verdadeiro, e a captar, mesmo no verossímil, as nuances que separam o mais verossímil do menos. Consiste nisso o uso desse espírito de conjectura, às vezes mais admirável que o próprio espírito de descoberta, pois confere aos que o possuem uma sagacidade extraordinária, permite entrever o que não pode ser conhecido perfeitamente, supre com aproximações a falta de determinações rigorosas, e, sempre que necessário, substitui a demonstração pela probabilidade, acompanhada pelas restrições de um pirronismo razoável.[2] A arte de conjecturar é, portanto, um ramo da lógica tão essencial quanto a arte de demonstrar, embora seja negligenciado nos elementos de lógica mais utilizados. Contudo, mais imperfeita é a arte de conjecturar por natureza, maior a necessidade de regras para nela nos conduzirmos. Ela é, a bem da verdade, a única que exige regras. Acrescentemos: e estas serão insuficientes se não aprendermos a aplicá-las com o uso frequente. Para adquirir essa preciosa qualidade do espírito, são necessárias duas coisas: exercitar-se com demonstrações rigorosas e não se limitar a elas. Apenas quando estejamos acostumados a reconhecer o verdadeiro em toda a sua pureza é que poderemos distinguir, em seguida, o que se aproxima dele ou não. Receia-se apenas que o hábito de lidar continuamente com verdades importantes e absolutas torne o sentimento indiferente a tudo o mais: olhos comuns, acostumados a uma luz viva, não distinguem as gradações de uma luz fraca e não percebem que nas trevas espessas brilha, aqui e ali, alguma clareza. O espírito que só reconhece o verdadeiro quando atingido di-

---

2 Ver Diderot, "Conjectura", *Enciclopédia*, v.3, 1753: "Conjectura é o juízo fundado sobre provas dotadas de algum grau de verossimilhança, vale dizer, circunstâncias cuja existência não tem ligação suficientemente estreita com uma conclusão para que se possa afirmar categoricamente que, dadas as primeiras, a última se seguirá ou não. Mas o que permite avaliar essa ligação? A experiência, nada mais. E o que é a experiência relativamente a essa ligação? Um maior ou menor número de ensaios, em que se constata que, dada uma coisa, outra se segue ou não a ela. De tal modo que a força da conjectura, ou a verossimilhança da conclusão, consiste na relação entre eventos conhecidos, favoráveis ou desfavoráveis a ela."

Da interpretação da natureza

retamente por ele é muito inferior àquele que não apenas sabe reconhecê-lo de perto, como também o presente e o observa de longe, em caracteres fugidios. Essa é a principal diferença entre o espírito geométrico, que a tudo se aplica, e o espírito do puro geômetra, cujo talento está restrito a uma esfera mais limitada. Para que possam se exercer em benefício recíproco, eles devem marchar lado a lado, suas pesquisas não devem se restringir a objetos suscetíveis de demonstração, seus espíritos devem permanecer flexíveis, não se dobrando às linhas e aos cálculos, e temperando a austeridade matemática com estudos menos severos, acostumando-se, assim, a transitar entre a luz e o crepúsculo sem dificuldade.

Esclarecimento sobre o que foi dito da arte de conjecturar

Distinguem-se três ramos da arte de conjecturar. O primeiro, que por muito tempo foi o único e só começou a ser cultivado há cerca de um século, é o que os matemáticos chamam de *análise das probabilidades nos jogos de azar*. Está submetido a regras conhecidas e certas, ou ao menos consideradas como tais pelos matemáticos. Como creio ter mostrado em outra parte,[3] os princípios dessa ciência podem deixar algo a desejar, em certos aspectos, o que provei a partir das próprias questões cuja solução seria considerada ilusória na opinião dos mais célebres analistas, se nos ativermos às regras geralmente adotadas nesse gênero.

O segundo ramo é a extensão da análise dos jogos de azar a diferentes questões relativas à vida comum, como as que dizem

---

3 *Dúvidas sobre o cálculo de probabilidades.*

Elementos de filosofia (1759)

respeito à duração da vida humana, aos custos de viagens e seguros marítimos, à inoculação[4] e a outros objetos similares. São questões diferentes do jogo de azar, na medida em que nestes as combinações matemáticas são (quase sempre) suficientes para determinar o número e a relação dos casos possíveis, enquanto nas demais questões a experiência e a observação são as únicas capazes de nos instruir acerca do número de casos e o fazem apenas aproximadamente.

Mesmo assim, o cálculo matemático se aplica a esse segundo ramo da *arte de conjecturar*, e a incerteza, se houver, recai sobre os fatos tomados como princípios. Uma vez supostos esses fatos, as consequências estarão fora do alcance de toda incerteza.

O mesmo não vale para um terceiro ramo da *arte de conjecturar*, no qual consiste, propriamente dizendo, essa arte. Pois os dois primeiros ramos pertencem a ela de maneira imprópria, porque têm como base ou princípios certos ou fatos aproximadamente certos, além de um método seguro para raciocinar a partir desses princípios e desses fatos.

Este terceiro ramo tem por objeto as ciências em que é raro ou impossível chegar a uma demonstração, nas quais, entretanto, a arte de conjecturar é necessária.

Deve-se distinguir essas ciências em especulativas e práticas. As primeiras se reduzem à física e à história, as outras, à medicina, à jurisprudência e à ciência mundana. Entendo aqui por *ciência mundana* a arte de se comportar em relação aos homens de modo a extrair dessa convivência a maior vantagem possível, sem, no entanto, afastar-se das obrigações impostas pela moral.

---

4 *Reflexões sobre a inoculação.*

Da interpretação da natureza

Percorramos sucessivamente essas diferentes ciências, e vejamos no que consiste, em cada uma, a arte de conjecturar, relativamente a seus respectivos objetos.[5]

Na física, a arte de conjecturar pode ter a finalidade de encontrar a causa dos fatos que a experiência e a observação desvelam a nós, ou de conduzir à descoberta de novos fatos que acrescentam alguns graus de perfeição aos nossos conhecimentos dos fenômenos da natureza. A realização deste último objetivo é a utilidade mais real e mais palpável da arte de conjecturar em física. Teremos mais condições de chegar a ele quanto mais extenso for o nosso conhecimento dos fatos já descobertos. Aproximando os fatos que tenham entre si algo em comum, uma analogia mais ou menos fácil de ser percebida, entrevemos os fenômenos que poderiam resultar de alguma nova combinação. A conjectura se torna demonstração quando a experiência confirma o que havíamos suspeitado.

Parece que a arte de conjecturar em física expandiria rapidamente as fronteiras dessa ciência. A multidão dos fenômenos conhecidos, as relações que têm uns com os outros, as novas combinações que podem ser feitas para generalizar essas relações ou restringi-las, tudo isso parece enriquecer prodigiosamente, a cada dia, a massa de nossos conhecimentos físicos. Mas, seja por negligência da parte dos filósofos, seja por uma fatalidade ligada ao progresso dos conhecimentos humanos, passaram-se séculos entre descobertas que parecem ter a mais estreita analogia entre si. Os antigos conheciam a arte de gravar moedas e medalhas; mas as da gravura e da imprensa, que parecem ligadas a ela, só vieram a ser conhecidas há trezentos

---

[5] Traduzimos aqui apenas as seções dedicadas à física e à medicina.

anos. As histórias antigas estão repletas de fenômenos da eletricidade e da aurora boreal; mas apenas há pouco é que os físicos deram atenção sustentada a esses fenômenos, antes tidos na conta de prodígios relatados por historiadores crédulos. A direção da agulha imantada para o norte era um fato conhecido há mais de um século antes que se pensasse em utilizar a bússola. Os antigos se serviam de esferas de vidro cheias d'água para aumentar o fogo e a luz quando queriam queimar certos corpos ou quando tinham de realizar trabalhos que exigiam que o objeto estivesse bem iluminado. Chegaram a perceber que uma bola de vidro cheia d'água aumentava o tamanho dos objetos vistos através dela.[6] Como puderam não utilizar na física essa espécie de microscópio, feita de uma pequena bola de vidro cheia d'água, que aumentava consideravelmente os corpos dispostos à frente dela? Como, além disso, não lhes veio a ideia de empregar vidros em forma de lente em lugar de esferas? Essas lentes, tão úteis para auxiliar a visão, só foram utilizadas a partir do início do século XIII. Mas o que é talvez mais extraordinário, como puderam se escoar três séculos inteiros entre a invenção das lunetas com uma única lente e as com duas? Tudo indica que esta última combinação seria muito fácil de ser imaginada, e seria muito natural testar o que resultaria dela, sem esperar que o acaso oferecesse a ocasião. Quantos outros exemplos não poderíamos acrescentar da lentidão em que as descobertas se sucedem, mesmo quando parecem ter uma conexão necessária entre si?

 A analogia, ou seja, a semelhança maior ou menor entre os fatos, a relação mais sensível ou menos que eles têm entre si,

---

6 Sêneca, *Quest. Nat.*, cap. 6.

é, portanto, a única regra dos físicos, seja para explicar fatos conhecidos, seja para descobrir novos. Mas, ao mesmo tempo, quantas precauções não devem ser tomadas na aplicação dessa regra, tão propícia a enganá-los com semelhanças aparentes ou com diferenças que, com o tempo, se descobrem em fenômenos que parecem perfeitamente semelhantes!

Os planetas parecem ser corpos opacos, análogos à Terra que habitamos; deveríamos concluir que são habitáveis como ela? Sem mencionar as dificuldades teológicas que se impõem a uma consequência como essa (mas que não dizem respeito à filosofia), seria a semelhança entre os planetas e a Terra tão perfeita como imaginamos?[7]

Parece-nos questionável que a Lua, que é, de todos os planetas, aquele cuja superfície melhor conhecemos, tenha uma atmosfera similar à do globo terrestre; desde já, portanto, um ponto essencial de semelhança que falta a esses corpos, o que prejudica todas as consequências que poderiam ser extraídas dessa pretensa semelhança. Mas isso não é tudo. Suponhamos que os planetas sejam habitados; por que os cometas também não o seriam? Pois os cometas também são planetas, como está demonstrado pela astronomia moderna. Mas como poderia o cometa de 1680, para não falarmos de outros, ser habitável, ele que se aproximou tanto do Sol que quase resvalou em sua superfície, e que, nessa aproximação, experimentou um calor suficiente para destruir tudo o que o recobrisse? E, se esse cometa não é habitado, por que os outros o seriam? E, se os cometas não são habitados, por que supor que os planetas o são? Por fim, se

---

[7] Ver Fontenelle, *Diálogos sobre a pluralidade dos mundos*. Trad. Denise Bottmann. Campinas: Editora Unicamp, 2013.

Elementos de filosofia (1759)

os planetas e os cometas não são habitados, por que o seriam os corpos opacos, e não os astros que emitem luz própria? Alguém poderia dizer que a Lua nos ilumina na ausência do Sol e que, se tivesse luminosidade própria, então a noite, destinada a temperar o calor do dia, não faria senão aumentar essa luminosidade. Mas, para começar, é bastante duvidoso que a Lua tenha uma destinação, iluminar-nos durante a noite, pois em metade das noites ela se encontra escondida. Para que ela nos iluminasse constantemente durante a ausência do Sol, seria necessário que ela se erguesse todos os dias, sempre que o Sol se põe; e, então, sua revolução em torno da Terra não seria de 27 ou 28 dias, mas de 365, precisamente como a do Sol. É verdade que, para tanto, a Lua teria de estar cinco ou seis vezes mais distante de nós do que se encontra, e, então, não nos daria tanta luz, inconveniente que, entretanto, poderia ser facilmente contornado com o aumento de seu volume e, portanto, de sua superfície, sem que fosse preciso aumentar a sua massa. Concluamos disso que não sabemos ao certo qual a destinação da Lua. E mesmo que tenhamos a certeza de que esse planeta tem um uso, e foi feito para nos iluminar à noite, é certo que os outros planetas não foram feitos para isso, e, mesmo que tivessem sido, não haveria mal algum em emitirem luz própria.

    Portanto, se os planetas, embora similares ao globo terrestre quanto à opacidade, não são habitados, como tudo leva a crer, qual poderia ser a utilidade desses corpos na vasta extensão dos céus? É o que não sabemos, e, ao que tudo indica, jamais poderemos saber. Não tentemos adivinhar o que se passa nos imensos globos que flutuam tão longe da nossa Terra, contentemo-nos em ignorar quase inteiramente o que se passa ao nosso redor, no pequeno globo que habitamos, e repitamos a lição ensinada ao filósofo que, observando os astros, caiu numa vala: "Mal enxergas os teus próprios pés,/ E queres ler o que está acima de tua cabeça".

A circunspecção com que devemos utilizar a arte de conjecturar na física para adivinhar os fatos que não se encontram ao alcance de nossos sentidos deve ser ainda maior quando se trata de explicar os fatos conhecidos. É então, principalmente, que os raciocínios extraídos da analogia se encontram mais expostos ao erro.

Alguém diria, por exemplo: "o barômetro sobe para anunciar a chuva."

Explicação – Quando está para chover, o ar fica mais carregado com vapores, e, portanto, mais pesado; por conseguinte, ele faz que o barômetro suba – era o ponto a demonstrar.

Outro fato a explicar: o inverno é a estação em que a geada principalmente ocorre.

Explicação – Como no inverno a atmosfera está mais fria, é evidente que é principalmente nessa estação que as gotas de chuva se congelam até endurecer, atravessando, então, a atmosfera – era o ponto a demonstrar.

Infelizmente para essas explicações, os fatos são inteiramente opostos a elas. O barômetro abaixa para anunciar a chuva, e a geada cai com muito mais frequência no verão que no inverno. Mesmo assim, não encontro nada a objetar às explicações precedentes. E deve-se convir que essa reflexão é bastante encorajadora para os físicos que querem dar a razão, e acreditam fazê-lo, dos fenômenos da natureza. Não oferecerei mais exemplos, pois seria fácil multiplicá-los. Mas após ter oferecido um modelo de explicação física para fatos inexistentes, darei outro, o dos raciocínios com os quais os filósofos pretendem decidir

Elementos de filosofia (1759)

que um fato é impossível, prescrever limites à natureza e dizer a Deus, como uma mãe: não irás além daqui e não avançarás mais.

Questão — Pergunta-se se é possível que um grãozinho semeado na terra produza, ao cabo de alguns anos, uma árvore do mesmo gênero do qual foi extraído.

Resposta — É evidente que isso é impossível. Como o que é menos poderia produzir o que é mais? A não ser que se queira desmentir o axioma segundo o qual o todo é maior que qualquer uma de suas partes.

Outra questão — É possível que certo líquido, lançado por um animal no corpo da fêmea de sua espécie, produza um animal da mesma espécie?

Resposta — Mas que absurdo! Que relação poderia haver entre esse líquido bruto, não importa de qual gênero, e um ser pensante e sensível? Não se pode dar o que não se tem, e os que colocam essa questão são, no mínimo, suspeitos de materialismo; felizmente, porém, sua hipótese é tão absurda que não chega a ser perigosa.

Terceira questão — Pretende-se ter encontrado o segredo de uma poeirazinha que, quando entra em contato com uma centelha, explode com grande ruído e pode, com a sua explosão, mesmo em pequena quantidade, trazer abaixo edifícios inteiros. Algo assim é possível?

Resposta — Isso é impossível, segundo todos os princípios da mecânica. Para que uma pequena massa destrua uma grande é preciso que, ao menos, essa pequena massa seja dotada de uma velocidade enorme; ora, como poderia uma centelha comunicar uma velocidade como essa a um monte de grãos de pólvora em repouso? Pois, por um lado, essa centelha é muito menor que o amontoado de grãos de pólvora, e, de outro, a velocidade com que ela os atinge é pouco considerável. Esse pretenso fato deve, portanto, ser incluído no catálogo das fábulas.

O raciocínio é muito bom; mas a pólvora, no entanto, existe, em detrimento da espécie humana.

Ousaríamos dizer que um físico de gabinete que tentasse adivinhar os fenômenos da natureza por meio de raciocínios e cálculos e, em seguida, os visse tais como são, constataria surpreso que quase nunca os avaliou corretamente. Seria como os habitantes das ilhas Mariana, que, na primeira vez em que viram o fogo, tomaram essa matéria por um animal que devorava tudo o que se aproximava dele. Um holandês que relatava as peculiaridades de seu país ao rei do Sião disse-lhe, entre outras coisas, que a água às vezes enrijecia tanto durante a estação mais fria que os homens caminhavam sobre ela e que ela suportaria o peso de elefantes, se eles existissem nessa parte do mundo. Ao que o rei respondeu, "até aqui acreditei em todas as coisas extraordinárias que me disse, pois o tomei por um homem honesto e probo, mas, agora, tenho certeza de que mente". Esse rei do Sião é a representação perfeita do físico de gabinete, sempre pronto a negar como impossível tudo o que ignora e não consegue compreender, e a oferecer razões ruins para o que não poderia negar, pois vê.

Parece-me o suficiente para convencer os físicos sábios, os que de fato são filósofos, a ter cautela, e mesmo, se ouso dizer, modéstia, em se tratando dos fatos, incluindo os que acreditam ter explicado com clareza, pois, mesmo nos casos em que chegam à demonstração, podem estar propondo absurdos sem se dar conta de que o fazem.

Ainda piores são as explicações fortuitas que não se limitam à simples especulação, mas, como acontece na medicina,

Elementos de filosofia (1759)

têm os efeitos mais danosos quando acontece de nos enganarmos. A medicina sistemática parece-me ser – não creio que a expressão é exagerada – um verdadeiro flagelo do gênero humano. Os raciocínios da medicina teriam, ao que me parece, de reduzir-se a cuidadosas observações reiteradas, detalhadas e aproximadas entre si. Não posso evitar um sentimento de indignação e piedade quando me lembro de um homem que, intitulando-se médico, pôs em risco a vida de um amigo meu ao agravar seriamente uma doença leve, e que ainda teve a pachorra de me dizer que a medicina era uma ciência mais certa que a geometria.

Longe de mim afirmar que não existe uma arte de tratar os homens; ao contrário, acredito que é uma arte dada por toda parte na natureza. Creio apenas que é muito limitada para nós, seja porque a natureza se obstina a esconder de nós o seu segredo, seja porque não sabemos interrogá-la. O seguinte apólogo, feito por um médico, homem de espírito, um filósofo, representa bem o estado dessa ciência: "A natureza e a doença vivem às turras; um cego armado com um porrete (o médico) vem promover a concórdia entre elas; primeiro, tenta estabelecer a paz; se não consegue, ergue o bastão no ar, mas não sabe ao certo onde golpeia; se atinge a doença, ela morre; mas se a natureza é golpeada, quem morre é ela. Como diz Plínio, *discunt periculis nostris, et per experimenta mortes agunt.*"[8] Um célebre médico renunciou à prática que exercera por trinta anos; "estou farto de tentar adivinhar", foram as suas palavras.

---

8 Em tradução livre: "Adquirem seus conhecimentos com os nossos perigos, fazem suas experiências usando nossas mortes."

Da interpretação da natureza

A arte de conjecturar em medicina, tão necessária e tão perigosa, não pode ser uma sequência de raciocínios apoiados em um sistema, mas, tão somente, a arte de comparar a doença a ser tratada com outras similares, já conhecidas por experiência própria ou pela de outros. Essa arte consiste, eventualmente, em perceber uma relação entre doenças que não parecem estar relacionadas. Quanto maior a quantidade dos fatos reunidos, mais condições teremos de julgar corretamente; isso supondo, é claro, que sejamos dotados do espírito de precisão que é um dom da natureza.

Portanto, ao contrário do que muitos pensam, o melhor médico não é o que tem uma prática acumulada às cegas e aos tropeços, mas o que realizou observações aprofundadas e acrescentou a elas um número ainda maior de observações feitas em todos os séculos por homens animados por um espírito como o seu. São elas a verdadeira experiência do médico; oferecem a ele mil vezes mais fatos do que sua própria prática poderia fornecer, e exigem, para ser devidamente estudadas e absorvidas, um tempo que ele deve reservar à parte de sua prática. Ele deve unir à sua prática o conhecimento daquela de outros, assim como um arpoador deve unir, às operações que realiza em campo, o estudo da geometria que se encontra nos livros. Deveríamos, por isso, preferir o médico que só tem a experiência dos que o precederam àquele que não conta senão com a sua própria? Proponho a respeito um paradoxo. A história romana nos conta que Lúculo nunca participara de uma guerra antes de ser enviado contra Mitrídates, tornando-se general a partir da leitura ponderada das obras do gênero. Eu não hesitaria em preferir um médico que dedicou seu tempo a estudar as observações dos que o precederam e a se apropriar

Elementos de filosofia (1759)

delas a outro que se limitou a suas próprias observações, mas tem uma prática mais extensa. Os mestres da arte têm essa mesma opinião. É preferível, diz Rhazes, um médico douto que nunca viu um doente a um praticante que ignora o que os antigos ensinaram. O primeiro tem muito mais materiais que lhe permitem conjecturar com êxito do que o segundo, pois, infelizmente para o gênero humano, o médico está reduzido a conjecturas.

Eu não poderia deixar de lamentar, quanto a isso, que o projeto elaborado pelo sr. Chirac não tenha sido implementado, pois não tenho dúvida de que teria sido altamente benéfico para a medicina. Peço licença para transcrever a seguir o elogio dele pelo sr. Fontenelle. Embora um pouco longo, merece ser lido por inteiro.

> O sr. Chirac concebera há algum tempo uma ideia que poderia ter contribuído para o avanço da medicina. Cada médico em particular tem um saber próprio que só ele conhece, elaborado a partir de observações e da reflexão sobre certos princípios que não esclarecem a mais ninguém; enquanto isso, outro elaborou princípios diferentes, a partir dos quais adota uma conduta oposta à do primeiro. Mas não apenas os indivíduos, como também as faculdades de medicina, parecem fazer questão de não entrar em acordo. Sem mencionar que as observações de um lugar não chegam a outro. Paris não se beneficia do que foi observado em Montpellier. Cada um permanece fechado em si mesmo e não pensa em se associar aos demais. A história de uma doença que dominou uma região, quando chega a ser feita, permanece restrita a ela. O sr. Chirac queria estabelecer uma maior comunicação entre as luzes, uma maior uniformidade na prática. Os 24 médi-

cos empregados na Faculdade de Paris poderiam formar uma academia, que entraria em correspondência com os médicos de todos os hospitais do reino e mesmo com os de países estrangeiros que se dispusessem a tanto. Durante surtos de pleurisia, por exemplo, a academia pediria a seus correspondentes que examinassem em detalhe todas as circunstâncias, além de relatar em detalhe os efeitos dos remédios. Esses relatos permitiriam chegar a um resultado preciso, a espécies de aforismos a serem consultados quando de outros surtos de pleurisia, indicando as alterações ou modificações a serem introduzidas nos relatos iniciais. Com o tempo, teríamos uma excelente história da pleurisia, bem como as regras para tratá-la, tão certas quanto possível. Esse exemplo mostra qual era o projeto, a sua amplitude e os frutos esperados. Foi aprovado pelo duque de Orleães e chegou ao rei, que, no entanto, morreu antes de autorizar a sua execução.

É interessante ler a continuação desse mesmo elogio para saber o que impediu que o projeto fosse posto em prática. É uma anedota que me parece adequada a uma obra de filosofia, pois acrescenta novas informações à história do espírito humano e permite que se conheçam as causas morais que, nos séculos mais esclarecidos, retardam o progresso das ciências mais úteis.

O sr. Chirac tornou-se então médico principal do rei, autoridade que lhe inspirou a retomar a ideia de uma academia de medicina. Quando, porém, o projeto foi comunicado à Faculdade de Paris, deparou com uma oposição considerável. Não agradou que 24 de seus membros compusessem uma pequena tropa orgulhosa dessa distinção que se arrogaria o direito de desdenhar o resto da corporação. Seria formada pelos mais ocupados; mas como encar-

Elementos de filosofia (1759)

regá-los de novas funções? De resto, as vias ordinárias de instrução não eram suficientes? Por fim, como é fácil contrariar, contrariou-se esse projeto, e fortemente, de tal modo que o médico principal, ciente de sua prerrogativa e convencido da utilidade de seu projeto, recusou-se a abrir mão dele, mas, ao mesmo tempo, não soube ao certo como lidar com essa respeitável corporação. A brandura e o vigor são igualmente perigosos, mas terminou optando por este último, como reação à doença da qual veio a morrer.

Seria desejável para o bem da humanidade que esse projeto tão útil fosse retomado, que não encontrasse obstáculos vindos de interesses particulares, e que aqueles que exercem uma arte tão necessária concorressem de comum acordo para torná-la o menos perigosa possível. Se mesmo com a reunião das melhores luzes a medicina não está isenta de perigos, o que esperar da oposição aos efeitos salutares e inevitáveis de um acordo como esse?

Em se tratando de um assunto tão importante, cabe mencionar outra circunstância cuja execução seria altamente desejável. A medicina carece, em minha opinião, de duas obras: uma *Medicina preventiva*, que ensinaria o regime a ser adotado na preservação das doenças que podem nos ameaçar, ou devido à nossa constituição, ou por descuido de nossa parte; e uma *Medicina negativa*, que ensinaria o que não devemos fazer quando somos atacados por esta ou aquela doença, e os alimentos e outras coisas das quais devemos nos abster enquanto ela dure. Eu confiaria mais em um livro como esses do que em todos os catálogos de remédios organizados por médicos que não acreditam neles (ou que o fazem apenas em prol do inventário) e adotados por doentes impacientes que, após terem forçado

Da interpretação da natureza

e danificado a natureza, querem precipitar a sua operação no restabelecimento da economia animal. Se não tivemos a infelicidade de ser convencidos por experiência própria dos males causados por esses fármacos, é suficiente, para nos convencermos ao menos de que são inúteis, consultar em separado diferentes médicos, reconhecidos por suas habilidades, a respeito de quais remédios devemos utilizar para esta ou aquela doença. É muito comum que prescrevam remédios diferentes, se não opostos. Igualmente comum – eu poderia citar exemplos que testemunhei – é ver médicos reputados na prescrição de medicamentos cometerem equívocos grosseiros a respeito da doença em questão e prescreverem os remédios de acordo com esse diagnóstico, curando assim a doença inteiramente diferente que acomete o paciente. Efeito maravilhoso produzido pela farmácia, e que prova a que ponto seus efeitos são certos e determinados. Por isso, os médicos mais esclarecidos têm por essa mesma farmácia toda a consideração que ela merece. Nesse sentido foi dito, com inteira razão, que o médico mais digno de ser consultado é o que menos acredita na medicina.

Como poderia haver consenso entre os médicos a respeito dos remédios se eles discordam em relação aos fatos mais importantes, por exemplo, se podemos ter varíola mais de uma vez, e outros similares. É o suficiente para constatar a incerteza dessa arte ou ciência, como quer que se queira chamá-la.

Denis Diderot

Carta a Sophie Volland[1]

Grandval,[2] 15 de outubro de 1759.

Essa já é a terceira vez que envio cartas a Charenton, mas não tenho notícias de minha amiga... Sophie, por que você não me escreve? O serviçal partiu antes de ontem às duas e meia. Eu lhe

---

1 Tradução e notas de Clara Castro. Esta carta contém um desenvolvimento para o aforismo 51, assim como respostas, ainda que provisórias, às questões finais da *Interpretação da natureza*. Diderot retoma a teoria das moléculas orgânicas de Buffon, sublinhando a heterogeneidade entre matéria viva e inerte. Contudo, passa a identificar a vida com o sentimento e a memória, articulando a teoria de Buffon à de Maupertuis. Trata-se de um passo importante no desenvolvimento da hipótese da sensibilidade universal da matéria, que aparecerá de forma mais acabada em *Sonho de d'Alembert*.

2 Nome do castelo de Nicolas d'Aine, onde morava a senhora d'Aine, sogra do barão d'Holbach e grande *salonnière*, como a senhora d'Houdetot, que também aparecerá nesta carta, e a própria baronesa Charlotte d'Holbach, que não é aqui mencionada. Ver Antoine Lilti, *Le monde des salons: sociabilité et mondanité à Paris au XVIIIe siècle*. Paris: Fayard, 2005.

Da interpretação da natureza

pedi que colocasse minhas cartas na cômoda, cuja chave eu lhe daria. Às seis horas, pensei que ele poderia ter voltado. Nunca uma noite me pareceu tão longa. Subi. Abri a gaveta; nada das cartas. Desci. Meu rosto denunciava minha inquietação. Os presentes perceberam, pois tudo o que se passa na minha alma se vê no meu rosto. Começaram a conversar. Aos poucos entrei na conversação. Propuseram-me um jogo. Aceitei. No meio da partida, saí, fui verificar novamente, e nada. Eu disse então a mim mesmo: "Tudo indica que o desgraçado ficou bebendo e só voltará bem tarde. Tanto melhor, eu me recolherei cedo, estarei sozinho, poderei me deitar e ler com a cabeça no travesseiro." Prometia, assim, um grande prazer a mim mesmo. Estava impaciente para que a ceia fosse servida, jantássemos e eu pudesse subir. Enfim, chegou o momento tão esperado. Corri à cômoda. Não duvidei de que nela encontraria o que procurava, e fiquei realmente muito triste de ter me enganado com essa expectativa. O que a impediu de utilizar o endereço que deixei indicado? Teriam as suas cartas se extraviado? Estaria se vingando do meu silêncio? Teria o intuito de me fazer experimentar a dor que você sofreu? Haveria algo mais em questão, do qual não tenho ideia? Não sei o que pensar. Esperávamos nesta noite um comissário. Ele vinha de Paris e passaria por Charenton. Pedimos que ele verificasse no correio se não havia nada para o Grandval. Estará aqui às sete horas. São quatro. Mais três horas de paciência, esperando, conversando com minha amiga como se estivesse muito à vontade, embora não seja o caso. Ontem, perdi toda a minha manhã, ou melhor, eu a empreguei bem. Recebi um bilhete que me chamava a Sucy.[3]

---

3 Sucy-en-Brie, onde se encontrava a propriedade de Grandval.

Carta a Sophie Volland

Era de um pobre-diabo que imaginou um projeto de finanças sobre o qual ele queria a minha opinião. É uma combinação muito engenhosa de loteria e de títulos. É uma pena que o projeto não tenha sido apresentado antes dos editos.[4] A princípio, não tem nada que o contradiga. Poderia ser duradouro ou momentâneo. Renderia ao rei 120 milhões. Os ricos não seriam lesados e os pobres se tornariam proprietários de um título rentável, que lhes daria um pequeno lucro. Ficaram todos muito surpresos de me ver vestido e de saída, de manhã tão cedo. Não duvido que as damas presentes tenham romanceado um pouco esse fato. Voltei para o almoço. Ventava e fazia tanto frio que nos trancamos em casa. Joguei três partidas de *trictrac*[5] com a mulher de outrora belos olhos. Depois disso, pai Hoop,[6] o barão e eu, acomodados em torno de uma grossa lenha que queimava na lareira, começamos a filosofar sobre o prazer, a dor, o bem e o mal da vida. Nosso escocês melancólico faz pouco caso da sua própria vida. "É por isso", disse a senhora d'Aine, "que dei ao senhor um quarto que leva diretamente da janela ao fosso. Mas o senhor, pelo visto, não teve pressa de se beneficiar da minha gentileza." O barão ajuntou: "Mas, pai Hoop, talvez o senhor não goste de se afogar se a água estiver fria, vamos então lutar." E o escocês: "Com muito prazer, meu amigo, mas com a condição de que me mate." Falaram em seguida de um senhor de Saint-Germain[7] que tem entre 150 e

---

4 Os editos de Silhouette, em setembro de 1759, proibiam as loterias particulares.
5 Jogo de tabuleiro francês com algumas semelhanças com o gamão.
6 Médico escocês.
7 Aventureiro que ficou célebre entre os anos 1750 e 1760 por ter pretensamente encontrado um elixir da imortalidade.

160 anos e rejuvenesce à medida que envelhece. Diziam que, se esse homem tivesse o segredo para rejuvenescer uma hora, dobrando a dose do elixir, ele poderia rejuvenescer um ano, dez anos e assim por diante, até retornar ao ventre de sua mãe. "Se eu entrasse nele uma vez", disse o escocês, "não creio que me convenceriam a deixá-lo."

A propósito, passou-me pela cabeça um paradoxo que me lembro de ter discutido um dia com a sua irmã. Voltei-me então ao pai Hoop (assim que o apelidamos por causa de sua cara rugosa, seca, envelhecida) e lhe disse: "O senhor tem razão de se lamentar, mas se o que eu penso faz algum sentido, o senhor se lamentará muito mais."

Hoop – O pior é existir, e eu existo.

Diderot – O pior não é existir, mas existir para sempre.

Hoop – Melhor assim, pois isso é o mesmo que nada.

Diderot – Pode ser. Mas, diga-me, o senhor já pensou seriamente no que é viver? O senhor acha que um ser pode passar do estado de não vivente para o estado de vivente? Um corpo cresce ou diminui, se move ou repousa. Mas supondo que ele não viva por si mesmo, o senhor acredita que uma mudança, seja ela qual for, possa dar-lhe a vida? Viver não é como se mover, trata-se de outra coisa. Um corpo em movimento colide com um corpo em repouso e este se move. Mas tome um corpo desprovido de vida e o detenha; acrescente algo a ele, tire-lhe algo, organize-o, disponha suas partes como o senhor imaginar, se elas estiverem mortas, não viverão mais num arranjo do que noutro. Supor que colocando-se ao lado de uma partícula morta uma, duas ou três partículas mortas se formará o sistema de um corpo vivo, é afirmar um absurdo completo, ou então não sei mais o que estou dizendo. Como assim? A partícula *a*, colocada à esquerda da partícula *b*, não tinha consciência de sua existência, não sentia, era inerte e morta, e eis que, aquela que estava à esquerda, colocada à direita, e aquela que estava à direita, colocada à esquerda, o todo vive, se conhece, se sente. Isso não faz sentido! Qual é a função aqui da direita ou da esquerda? Há um lado e um outro lado no espaço? Se assim o fosse, o sentimento e a vida não dependeriam dele? Mas o que tem essas qualidades sempre as teve e as terá sempre. O sentimento e a vida são eternos. O que vive sempre viveu e viverá sem fim. A única diferença que conheço entre a morte e a vida é que, atualmente, o senhor vive em massa, e, daqui a vinte anos, dissolvido, disperso em moléculas, viverá em detalhe. Vinte anos é muito tempo.

Senhora d'Aine – Não nascemos, não morremos, mas que loucura dos diabos…

Diderot – É isso mesmo, senhora.

Senhora d'Aine – Ainda que vivamos para sempre, quero morrer agora se você me fizer acreditar nisso.

Diderot – Ouça bem. Thisbé vive, não é verdade?

Senhora d'Aine – Se minha cachorra vive? Eu lhe respondo: ela pensa, ela ama, ela raciocina, tem espírito e julga.

Diderot – A senhora se lembra do tempo em que ela não era assim, tão gorda quanto um rato?

Senhora d'Aine – Sim.

Diderot – Poderia dizer-me como ficou tão roliça?

Senhora d'Aine – Claro! Matando-se de comer, como você e eu.

Diderot – Muito bem. E o que ela comeu, vivia ou não?

Senhora d'Aine – Que pergunta é essa? Claro que não.

Diderot – Como assim? Uma coisa que não vivia, aplicada a uma coisa que vivia, tornou-se viva, e a senhora entende como isso pode acontecer?

Da interpretação da natureza

Senhora d'Aine — Como poderia não entender?

Diderot — Gostaria, então, que a senhora me dissesse se um homem morto, posto entre os seus braços, por acaso ressuscitaria.

Senhora d'Aine — Acredite em mim, se ele estivesse bem morto, mas bem morto, não; caso contrário... deixe-me em paz, não vê que me faz dizer loucuras!

Passaram o resto da noite caçoando de meu paradoxo. Ofereceram-me belas peras, bem vivas, uvas que pensavam, e eu dizia, aqueles que se amaram em vida e se fazem enterrar lado a lado talvez não sejam tão loucos como se pensa. Talvez suas cinzas se pressionem, se misturem e se reúnam. Quem poderia saber? Talvez não tenham perdido todo sentimento, toda memória do primeiro estado delas. Talvez tenham um resto de calor e de vida, dos quais gozam à sua maneira, no fundo da urna fria que as encerra. Julgamos a vida dos elementos pela vida das massas grosseiras! Talvez sejam coisas muito diferentes. Acredita-se que existe um único pólipo. Por que a natureza inteira não seria da mesma ordem que um pólipo? Quando o pólipo é dividido em 100 mil partes, o animal primitivo, gerador, deixa de existir; mas todos os seus princípios são vivos. Ó, minha Sophie, mas então me restaria uma esperança de tocá-la, de senti-la, de amá-la, de desejá-la, de me unir a você, de me confundir com você, mesmo quando não existirmos mais! Se houvesse nos nossos princípios uma lei de afinidade, se fosse possível, para nós, compor um ser comum, se eu pudesse, no decorrer dos séculos, recompor um todo com você, se as moléculas deste seu amante, dissolvidas, se agitassem, se movessem e procurassem pelas suas, dispersas na natureza... Deixe-me com essa quimera; parece-me doce. Ela me assegura de que há uma eternidade em você e com você... Mas são sete horas, e esse maldito comissário não aparece. Uma inquietação extrema me agita. É certo que amanhã irei eu mesmo a Charenton, a menos que um dilúvio me impeça. Recebemos hoje para o almoço a senhora d'Houdetot. Ela veio de Paris, para onde retornará, partindo depois para Épinay. Percorrerá umas boas 11 léguas. A ideia de uma guerra contra a Inglaterra a preocupa de maneira cruel. É uma mulher cheia de espírito e sensibilidade. Falávamos em meio a um vento surdo e ininterrupto, que faz os apartamentos daqui mugirem. Eu disse que o ruído não me incomodava, pois tornava as cobertas ainda mais suaves e que embalavam com mais doçura, levando-me a um sono profundo. "É verdade", ela respondeu, "mas eu não consigo ouvi-lo sem pensar que ele pode afastar os ingleses do canal da Mancha, levando-nos a lançar sobre eles 22 mil almas infelizes que não retornarão." É preciso que você saiba que, entre esses 22 mil homens, há um senhor de Saint-Lambert, de quem você me ouviu frequentemente falar elogiosamente, que somente o reconhecimento o ligou ao príncipe de Beauvau,[8] a quem ele acompanha. Sua perda eventual seria muito lamentável para nós e custaria muitas lágrimas à senhora de Houdetot.[9] São nove horas, jogamos uma partida de *piquet à tourner*, na qual, cá entre nós, contei com um raro golpe de sorte. Jantamos. Nosso comissário voltou. Todos re-

---

8 Futuro governador do Languedoc e marechal da França, próximo de Saint-Lambert. Este último, militar reputado por suas qualidades intelectuais, foi colaborador da *Enciclopédia*.
9 Em 1759, durante a Guerra dos Sete Anos, a França tentou um desembarque na Inglaterra, do qual Saint-Lambert, amante da senhora de Houdetot, deveria participar.

ceberam notícias, menos eu. Nenhuma palavra de Grimm nem de Sophie. É impossível que você não tenha me escrito; ou meu serviçal me enganou e não foi a Charenton, ou o diretor do correio se recusou a dar minhas cartas ao comissário, ou, ainda, ele não teve como retirá-las. Faço todas as suposições que sejam capazes de me tranquilizar. Acuso a todos, menos você. Escreveram de Lisboa para nosso vizinho, o senhor de Sucy, dizendo que o rei de Portugal propôs aos jesuítas a sua secularização, que cinquenta dentre eles aceitaram, mas outros 150, cujo destino se ignora, foram trancafiados num edifício, e que outros quatro, detidos nas prisões, serão supliciados.[10] Você sabia disso? Que os jesuítas matem impunemente os reis, que toda essa gente faça o que bem entender, desde que eu tenha notícias de minha amiga. Onde está? O que está fazendo? Se é que as minhas cartas não tiveram a mesma sorte que as dela, terá recebido duas de uma só vez antes de ontem. Esta outra chegará amanhã à noite; e quem sabe se a dela... Mas não ouso me alegrar com mais nada. Minha amiga, eu vim aqui para trabalhar. Até agora, fiz bastante coisa, mas se a cabeça não está mais no trabalho, o que você quer que eu faça com o meu tempo? O que vou me tornar? Se a chuva que o vento ruidoso anuncia cair nesta noite, passarei amanhã o dia inteiro sem uma palavra sua. O barão consulta-se sobre etiologias químicas. Vê que estou preocupado. Lê para mim tratados de história.

---

10 Os jesuítas são expulsos de Portugal e seus bens são confiscados em 3 de setembro de 1759, dia do aniversário de uma tentativa de atentado contra o rei João I, ocorrida em 3 de setembro de 1758, e da qual eles foram acusados de participar. Alguns ficaram presos antes de serem supliciados e executados.

Carta a Sophie Volland

Tenta atrair meu interesse, mas é impossível, minha cabeça está em outro lugar. Suplico-lhe, minha amiga, que me devolva ao campo, às minhas ocupações, à sociedade, aos divertimentos, aos meus amigos, a mim mesmo. Não conseguirei sair daqui, e é impossível que eu viva se você me esquecer. Adeus, cruel e silenciosa Sophie. Adeus.

SOBRE O LIVRO

Formato: 13,7 x 21 cm
Mancha: 23 x 44 paicas
Tipologia: Venetian 301 12,5/16
Papel: Off-white 80 g/m² (miolo)
Cartão Triplex 250 g/m² (capa)
1ª edição Editora Unesp: 2024

EQUIPE DE REALIZAÇÃO

Edição de texto
Tulio Kawata (Copidesque)
Pedro Magalhães Gomes (Revisão)

Capa
Vicente Pimenta

Editoração eletrônica
Eduardo Seiji Seki

Assistente de produção
Erick Abreu

Assistência editorial
Alberto Bononi
Gabriel Joppert

Rua Xavier Curado, 388 • Ipiranga - SP • 04210 100
Tel.: (11) 2063 7000 • Fax: (11) 2061 8709
rettec@rettec.com.br • www.rettec.com.br